醫生媽媽的時間管理術

許媽 著

目錄

序言

　　寫這個題目，主要是因為朋友近年來見到我，第一句都是問：「你究竟如何兼顧家庭、工作和寫作？」許多人建議我分享經驗。

　　我覺得，如果能將個人心得輯錄成書，比起在報章專欄中撰寫散文，來得更仔細和全面。

　　現代女性要兼顧工作和家庭，常感時間與精力不夠；天天奔走於工作和家庭之間，很容易迷失自己。

　　究竟要怎樣管理時間，才能平衡到家庭與事業、尋回自己的「存在感」、調節好心態，過着有品質的生活呢？此外，也要與時並進，不斷提升能力，為孩子樹立好榜樣。

　　這本書的主旨，是分享運用時間的技巧，剖析如何兼顧工作、家庭和培養興趣之餘，亦能保持健康的身體，以及樂觀愉快的心情。

　　書中提供了各種有效方法、列舉了不少現實例子，希望給媽媽們一點鼓勵和幫助。

　　誰適合看這本書？除了需要上班的「工作媽媽」外，還有懷孕的「準媽媽」、全職照顧孩子和打理家務的「全職媽媽」、打算回歸職場的媽媽、想生孩子但擔心會影響工作或私人生活的女士、身兼多職的忙碌現代女性……

我希望，每位讀者都可以從書中得到一點啟發。

* 定義：

「工作媽媽」＝需要上班工作的媽媽

「全職媽媽」＝不用上班，全職照顧孩子和打理家務的媽媽

「在家工作媽媽」＝需要工作賺錢，但工作地點在家的媽媽

我為甚麼要做工作媽媽？

　　我很愛我的工作——病理科醫生，以前從未想過生孩子後會辭職。可是，當女兒出生後，我從早到晚看着她可愛的臉，怎麼看也覺得不夠，每天離家上班時，總是萬分捨不得。

　　我發覺她成長得很快，在我早上上班前是一個樣子，晚上回來好像已經變了另一個模樣。究竟中間發生了甚麼事，我真的很想知道。

　　還有精力不足的問題。以前下班後可以先睡上一會，晚上打扮妥當，再跟丈夫外出吃飯、應酬、出席派對；可是現在回家以後，要打起十二分精神、陪足笑臉，心力並用的陪孩子玩，哄她睡覺，半夜還不時要照顧她吃奶、夜睡不寧，好像比做兩份職業忙碌得多。而且，兩夫婦再沒有時間去找朋友吃喝玩樂了。

　　我有不少聰明能幹的女性朋友，曾在大銀行、律師行、會計師行、上市公司擔任高位，日理萬機，前途無可限量；當上媽媽後，卻毅然放棄高薪厚職，原因是為了有更多時間陪伴孩子成長。

　　「幼兒時期尚可；待上了小學，沉重艱深的功課和無數課外活動，都需要媽媽的貼身跟進。倘若我仍在私人銀行工作，每個月出國工作兩、三次，怎可能應付得了？」經驗豐富的媽媽表情凝重地告訴我。

　　我在報上讀到，本地研究顯示，4成半在職媽媽，每日工餘要花 1-2

小時處理家務和照顧孩子；6成媽媽感到精神壓力，容易發脾氣、情緒激動，甚至出現頭痛、胃痛、失眠等身體警號。

於是，我心裏冒出了「辭去工作、做全職媽媽」的念頭。

第一個反對的人，是丈夫：「以你『緊張大師』的性格，倘若待在家裏對着孩子，準會整天胡思亂想，小事化大；到時候，我一定被你煩死！」

第二個反對的人，是老闆：「現在到處都請不到人，而且要多少年才訓練到有你這程度工作經驗的人？如果你辭職，大伙兒必然被工作量壓垮了。」

第三個反對的人，是媽媽：「我花了多年心血栽培你，是想你在社會上發光發亮，可不是要像我呆在家裏煮飯洗衣，做個全職家庭主婦啊！」

我訪問了所有認識的媽媽，反覆分析和考慮後，終於決定：

我要做個「工作媽媽」！

以下是我考慮過的要點

1。我不是做家庭主婦的料子

家庭主婦不易做！除了要心靈手巧、精打細算外，還需擁有過人的「管理才能」，無時無刻將家居和親人的大小事務安排得井井有條。

我自小笨手笨腳，是個標準的「家務白癡」；洗碗、洗衣服、摺衣服、打掃和煮食，無一勝任。所謂「上班是人材，下班變蠢材」，說的應該就是我這類。

與其讓家人生活在髒亂之中，自己又長期浸泡在挫敗感中，倒不如捨短取長，把才華發揮在職場上吧！

2。回饋社會

作為本地畢業的醫生，求學和受訓時期都一定受過政府的資助，到了這個年紀，該是時候運用自己的技能回饋，為社會出分力，人生才沒遺憾。

一般做媽媽的年齡，是 25 至 35 歲，正是在職場發揮的黃金時期。年輕時辛勤學習的知識，工作時訓練出來的技能，還有日積月累的經驗和人脈，都是非常寶貴的資源，倘若結婚生子以後就收起不再使用，就真的太浪費了！

3。上班帶來滿足感

我不是說，照顧孩子沒有滿足感，可是當付出無數精神血淚之後，成就和回報卻非一朝一夕（因為那是一輩子的事！）。即時的滿足感並不明顯。

上班族就不同了。有了特定的工作清單和企劃，你付出了幾多努力、完成了甚麼工作，都一目了然、明明白白。有形的功勞和成績，還有社會地位、朋友圈子，都使生活更加豐盛精彩，給女性帶來穩定的滿足感。

4。時間脈絡清晰分明

每逢週六日帶完孩子、晚上拖着疲憊不堪的身子上床時，我都深深地大惑不解：「整天馬不停蹄、很忙很累，卻說不上究竟做過甚麼！」

你也有這樣的感覺嗎？

當沒有老闆和客戶強迫你準時起床、沒有限期死線催促你完成計劃書、沒有書桌電腦及堆積如山的文件給你壓力，生活就容易變得散亂，日程安排像盤散沙。（在我心目中，必須擁有超乎常人的自律性格，才可做到全職媽媽！）

工作媽媽朝九晚五，一切按照時間表進行，時間的脈絡登時清晰

明朗，每分每秒都被盡量善用，成功感也會大增。

5。更好的親子關係

我真的可以跟小孩子朝夕相對嗎？

工作的時候，的確很掛念孩子，跟他們相處的時間永遠都像太少。可是，偶爾有些長假期，需要連續 48-72 小時面對精力過剩的孩子，而當她們用層出不窮的方法挑戰我的底線時，我竟然渴望星期一儘快來臨，讓我可以在辦公室埋首工作，尋回一些成功感，順便為母愛和耐心「充充電」。

整天對着孩子，需要極多精力和耐性，尤其當孩子頑皮吵鬧的時候，情緒智商低半點也受不了。相反，需要上班工作的話，反而更容易控制情緒，因為知道相處的時間有限，大家就更懂得珍惜；媽媽不會動輒發怒，孩子也抓緊機會溝通，共同締造「優質相處時間」。當爭執與磨擦減少，親子關係可能更融洽。

6。保持時尚，減少代溝

一個充滿時尚感、新鮮感、擁有自信和獨立精神的媽媽，是孩子的驕傲。

孩子成長得快，不久之前還是牙牙學語的幼兒，轉眼間就長成有思想、有自主的年輕人，會對社會上各事物好奇與關心。我希望一直待在職場上，經常汲取到新資訊，訓練待人接物之道，思想和生活不至於跟時代脫軌，能夠緊貼孩子的步伐，將來跟成長了的孩子更易溝通。

7。成為孩子的榜樣

哈佛商學院的研究指出：

　　「『媽媽是職業婦女』的女孩子，成年後進入職場，成為主管的比率，以及平均年收入，都會比『媽媽是家庭主婦』的女孩更高。」「至於『媽媽是職業婦女』的男孩子，成年後更願意分擔家務與照顧小孩。」

　　職場媽媽以身作則，讓孩子了解「兩性平權」的價值，也令他們知道應該靠自己勞力換取報酬。孩子一邊長大，一邊看到媽媽也在自己的工作上成長和奮鬥，而媽媽事業上每一個提升階段，對孩子都是最好的「身教」。我聽過一位媽媽說：「兒子，你在你的路上拚，我在我的路上拚！」的確是非常令人鼓舞。

8。收入

　　相信這是大部分媽媽持續工作的實際原因！養孩子成本很高，衣

食住行、學費、補習、興趣班、遊學團，加上樓價、交通費、醫療、照顧高堂等等的負擔，丈夫一人的收入，未必能夠支持整個家庭。夫妻兩份工作，家中收入有個保障，經濟壓力會比較低。

即使丈夫收入足夠，女人也最好有經濟能力。賺到的錢，可以給父母孩子添些衣物和文具，或給自己買較好的保養品；想為孩子報名參加課外活動時，也不用左思右想。

9。保持「距離美」

人與人之間，保持一點距離是好事。「距離美」不僅適用於夫妻之間，即使親若母子，也該有尊重、私隱和各自獨立的生活，沒可能一輩子都密不可分。

女兒長大後，將會有自己的朋友、活動和社交圈子，倘若我依然以孩子為生活中心，會將她們壓迫得喘不過氣來。這時，我可以逐漸投入更多時間在職場上，精神有所寄託，不會因為孩子不需要我而感失落。

10。懂得享受自己的工作

生孩子前，我常以為自己是個大忙人，但做了媽媽後，才明白甚麼叫真正的「忙」！

照顧初生嬰兒那種日夜顛倒、晨昏不分的日子，令我欣賞到上班的種種好處，例如有規律的工作環境、朝氣勃勃的清醒神志、預計之內的結果。我認為，懂得喜愛和享受自己的工作的人，會是好員工、好媽媽，能為社會帶來正能量。

11。孩子更獨立，有社交能力

近年一個由英國牛津大學與倫敦政治經濟學院的聯合研究，發現媽媽上班的幼兒，比全職媽媽的幼兒：

✿ 更擅於以説話表達自己

✿ 具有更佳的社交能力

✿ 身體行動能力較強

✿ 自理能力較高

原因不難理解：當媽媽未能在身邊提供無微不至的照顧，幼兒自然要加快成長的步伐；患上「公主病」、「王子病」、「社交能力缺乏症」等的機會，也可能大大降低呢！

01

時間管理策略：
家庭

作為媽媽，即使花在家庭的時間很有限，只要懂得訣竅，知道分優先次序，工作媽媽也可以造就極好的親子關係，教養出優秀的子女。

作為媽媽，最大的願望，是家庭和睦，孩子健康快樂地成長。

我們希望在忙碌的生活中，能夠妥善安排時間精力，陪伴和教育孩子，使他們感到幸福溫暖。我們想幫助他們建立安全感和自信心，培養責任心、紀律性和禮貌，並且能夠辨別是非，解決問題。

即使花在家庭的時間很有限，只要懂得訣竅，知道分優先次序，工作媽媽也可以造就極好的親子關係，教養出優秀的子女。

愈是忙碌的媽媽，愈懂得見縫插針、爭分奪秒，把平時一些零星的空閒時間拼接起來，建立優質親子時間。有時候，正因為相處時間有限，母親和子女會更懂得珍惜一起的機會，融洽和睦。

優質親子時間

雖然在職媽媽不能從早到晚待在孩子身邊、陪伴孩子的「量」有限，但可以在「質」上多下工夫，讓孩子感受到無處不在的母愛。

以下是「優質親子時間」（Quality Time）的 10 個建議。

每天抽出時間

不論你的工作多忙碌，也必須抽出時間陪伴孩子。

自從孩子出生後，我丈夫將所有客戶應酬安排在午餐時段，盡量把晚飯時間留給女兒；若真的必須在晚上見客，也必在 9 時之後，好讓他能先講完床邊故事、看着女兒上床，才離家工作。如果到外國公幹，就約好時間每天通電話，用視像電話更佳。這些長期日積月累的相處時間，對孩子的健康成長及親子關係的培養，都是不可或缺的。

工作媽媽可以早點起床送他們上校車，或午膳時間溜出來見見面，或下班以後立刻回家。在一起時，隨口閒聊，聽聽孩子說話，跟他們跑跑跳跳，哪怕只有十數分鐘，也是值得的。你的努力，孩子會感受得到。

放下手機──陪伴孩子要專心

即使你天天花 10 小時待在孩子身邊，但卻在心不在焉地看手機、打短訊，或跟生意拍檔講電話，其實遠遠不及你撥出 30 分鐘，全神貫注、心無旁騖地陪伴和聆聽孩子。

在駕車送小孩上學途中，同時進行一通重要電話，你可能覺得自己很會善用時間。事實上，你並沒有在意電話裏的人，也沒注意你眼前的路，更沒有投放足夠注意力在孩子身上，你只是將寶貴的親子機會白白浪費掉！

一家人坐在餐桌旁，卻沒有交流生活點滴，而是人手一機，同枱

吃飯，各自修行。這些都不算是真正的親子時間。

　　優質親子時間，不但需要「人到」，最重要是「心到」，時間可以短，但投放的專注力必須多，所謂「一分耕耘，一分收穫」，有充足的付出才會收到效果。因此，跟孩子一起時，請收起你的手機和電腦！利用短短的優質時間，滿足他們的心靈需要，當你需要工作或外出時，他們就會較少扭計和纏繞。

　　我沒有花極多時間陪孩子，但全都是優質時間，而且每週有一定規律。孩子知道媽媽必然會為她們預留時間，心裏就會有安全感。

專屬時間

　　如果你有多過一個孩子，我會強烈建議，為每個孩子輪流安排「專屬時間」（即是只有你和一個孩子單獨相處的時刻）。例如接送大女兒學跳舞，或和小兒子外出吃午飯；又例如週日上午，你和女兒去超級市場買日用品，而丈夫和兒子去公園踢足球。

　　只有一個家長和一個孩子的組合，溝通交流更有效率，孩子的滿足感更大，遠勝於同時跟兩、三個孩子一起外出，吵吵鬧鬧的。雖然意味着你跟每個孩子的「總共相處時間」會少了，可是快樂的效果卻會倍增。

嘗試接送子女上學

　　許多需要工作的媽媽，覺得不能天天接送孩子上學放學，是人生

一大憾事。間中一天抽到時間去接放學，孩子就雙眼發光，高興得不得了，從此，更為之而對孩子深感愧疚。

人總是以罕為貴。老實說，孩子之所以興奮，是因為你偶爾才接一次放學，令他們心中有所期待。倘若你真的天天接送，他們反而覺得沒有甚麼特別，未必會特別希罕。利用接送的相處機會，母子之間可以溝通。放學後吃個下午茶、在街上逛逛，談論輕鬆愉快的話題，這將會成為雙方的美好回憶（但別盡是說學業成績！）。

我的一個朋友，女兒已經長大成人，但他仍每星期兩次駕車送她上班，為的就是那 20 分鐘的閒聊時間。倘若好好珍惜，20 分鐘也很足夠。

不追求全方位兼顧

有些工作媽媽，在有限的相處時間內，既想陪孩子運動，又想陪讀書，又要顧及孩子吃甚麼穿甚麼，將每分鐘安排得密密麻麻；結果母子都疲於奔命，覺得甚麼都做得不夠，時常感到焦慮和沮喪。其實，我們不可能 100% 全方位照顧。企圖做得十全十美，容易引致自己焦慮不安；過度為孩子安排，會令他們習慣依賴，失去自理的能力。

我知道自己精力有限，沒本事一手包辦孩子的「衣」、「食」、「住」和「行」。因此，當和孩子一起時，會專注於我最重視的方面：心靈交流和精神發展。在談話和小遊戲中觀察她們的情緒、引導思考、誘發解決問題的能力；講故事、談論時事或日常生活的事情人物；為

她們揀選圖書和玩具，一起閱讀，並親自指導功課。

　　至於其他方面，我未必會花太多精神，例如孩子的吃喝細節、洗澡刷牙、穿甚麼衣服，一般情況下會交給家人拿主意；到外邊玩耍、運動、朋友聚會等，我會讓丈夫安排。

相聚時集中在「令孩子感受愛」的事情上

　　我見過有些家長，與孩子一起的時候，眼睛望着手機，嘴巴則絮絮不休地查問功課成績、追問早餐午餐吃了甚麼、批評和說教。這樣，孩子能夠感受到媽媽的關心嗎？

　　對於工作媽媽來說，親子時間十分珍貴。假如能善用這些時刻，就算只是短短幾分鐘，已經足以讓孩子感受到你的愛：

✿　專心聆聽孩子的說話（即使你覺得內容很無聊），並給予尊重的反應。

✿　玩簡單遊戲。靜態的如「過三關」、「接龍」、「猜謎語」；動態的如「踩影子」、跳高、跳舞等。

✿　看孩子嬰兒時的照片。

✿　分享自己的童年趣事。

✿　聽音樂。

✿　討論街上看到的路牌、商店、廣告等。

✿　談論卡通人物。

✿　拖手、輕輕擁抱、互相依偎、背靠背地坐着。

調整你的情緒

要是媽媽心情不佳、有壓力和焦慮，又或是仍記掛着公務，在如此狀態下陪伴子女，無論陪伴的時間有多長，對子女都沒有好處。

進入家門之前，你一定要調節好心情，不把壞情緒帶回家中；那怕你需要先到酒吧喝上幾杯、到健身室打一頓沙包，或是要瘋狂購物來發洩。排除一切干擾，不理會工作和其他雜務，專心與孩子相處，其實也不是那麼困難。當你和孩子在一起時，那份快樂，足以彌補你付出的所有艱辛。

作為工作媽媽，你比誰都清楚親子時間是多麼短促。因為有限，才更懂得珍惜，絕對不會讓壞情緒破壞氣氛。

讓孩子主導話題

「今天小明把『早安』說成了『早睡』。」、「今天小美帶了塊新的橡皮擦。」、「今天電視播映卡通片，那隻青蛙被打敗了。」等等。可是，剛下班回家的媽媽，卻不想花時間跟孩子談論這些無聊事情，只想抓緊時間傳遞「重要」的訊息：「你今天記得幾多個成語？說給我聽。」、「下月有鋼琴比賽，地點是……」、「你知道關於英國脫離歐盟的詳情嗎？讓我來教你。」等等。

在父母眼中，孩子的話題或許微不足道；但在他們心裏，卻是世界的全部。只有用心傾聽，並站在孩子的角度去看，才能了解他們的期望和需要，取得他們的信任，建立親密關係和安全感。

值得注意的是，有些孩子天生好靜，不喜嘈吵，跟媽媽一起時只想休息一下，默默地享受相伴的安靜時光。此時，媽媽切忌絮絮不休地挑起話題、問長問短，否則只會令孩子無法放鬆，甚至惹起厭煩。

製造特別的家庭活動

　　作為家庭的凝聚力，媽媽必須安排一些特別的家庭活動，讓孩子感受到家的溫暖，將來也會成為他們珍貴的回憶。

　　首先，定好日子，將活動寫入日程表，令孩子有所期待。然後，確定大人們不會在活動時候一邊工作、看手機、講電話。甚麼是「特別活動」呢？譬如説，一起看齣電影、外出晚餐，或到戶外野餐、宿營、看星星，去果園採摘水果，去畫室 art jamming。又例如全家人去做義工，像協助賣物會、探望長者、照顧動物、到海灘執拾垃圾等，也是極有意義的事。過時過節，約好一天一起去辦年貨、買燈籠、佈置家居，或準備聖誕大餐。

　　另外亦可一起做親子運動。近年有本地調查發現，超過一半家長，每月少於一次親子運動。然而，所有受訪兒童均表示，與父母一起做運動時感到快樂，可見運動是經常被父母忽略的親子項目。

　　即使簡單如全家人一起吃早餐，晚間一同捉棋、玩紙牌、大富翁紙板遊戲，臨睡前親子閱讀，甚至跟年幼的孩子一起午睡、洗澡，也是非常溫馨的活動。説到底，只要是一家人待在一起，甚麼活動都是令人難忘的。

再累也要堅持「品質」

孩子盼了一天，終於等到你回家，要求你跟他玩飛行棋。而累透的你，雖不想令兒子失望，卻敵不過肉體的疲乏，只能敷衍了事，不是在打呵欠，便是嘗試用不同方法令遊戲快點結束。這樣的「親子時間」，有點自欺欺人，然而也是不少媽媽的寫照！

作為職業婦女，你上班時再累，也會對着客戶微笑；身體狀況再壞，也能夠連捱幾個通宵把計劃書趕起。孩子，當然比工作更重要，你為何不能發揮在職場上的本色，多掙扎 10 分鐘去陪伴他們呢？索性拿出上班時的幹勁，催眠自己，拼了命去完成沉悶的飛行棋遊戲吧！畢竟，孩子肯纏着你玩耍，也不過是這幾年而已。

> 在職媽媽只要每天與孩子共度優質的親子時間，就能夠讓孩子感受到滿滿的母愛！

育兒任務繁重而艱巨，工作媽媽不能獨自承擔。在這條長跑路上，爸爸無疑是最重要的隊友。倘若爸爸願意幫忙家事與照顧小孩，媽媽就能省下許多精神和時間！可是，有些家庭裏，爸爸的參與較少。媽媽們投訴：

「我家那個爸爸，回家只顧滑手機，不理家務、不管功課。所有關於孩子的東西，包括學校活動、興趣班、衣食住行、生病睡覺，全都只有我一手包辦！」

「我不在家時，叫他幫忙看孩子，他卻只顧自己看電視，孩子的功課愛做就做，不做就算；吃飯就叫外賣，還給孩子無上限吃薯條和雪糕！」

「雞手鴨腳，替孩子洗澡搞得浴室像水浸似的，換尿布弄得滿床都髒兮兮，還不如我自己去做！」

「叫他哄孩子睡覺，他自己一定先睡着；孩子哭了半句鐘，他仍可以呼呼大睡……」

「寶寶只愛黏着我，不願跟爸爸，給爸爸抱抱就哭起來，實在沒辦法交給他照料啊！」

令爸爸由「豬隊友」變為「神助攻」

怎樣才能使爸爸變為「神助攻」呢？媽媽可以試試以下方法。

爸媽分工合作

　　孩子未出生時，先規劃好家庭分工，讓夫妻雙方都有機會參與照顧嬰兒的工作。媽媽可根據爸爸的才能，分配工作。例如有些男士喜愛攝影，可以請他負責每天替嬰兒拍照錄像、整理好所有照片上載到社交網站；或要求精通會計的丈夫負責計算和記錄有關孩子的所有支出。

　　兩人分工合作，最要緊是互相尊重和欣賞；例如我丈夫不會質疑我對女兒學業與興趣班的安排，我亦很信任他安排假期旅遊的決定。每人做好自己擅長的那部分，不受另一半插手和干預，是令工作更有效率、更愉快的關鍵。

鼓勵爸爸參與，互相體諒

　　當爸爸有心想參與育兒工作時，媽媽必須在旁邊幫他一把。例如，爸爸在幼兒疲倦時逗她嬉戲，用了錯誤方法接近孩子，媽媽就要溫馨提醒：「寶寶累了，可能想爸爸抱着睡覺啊！」並鼓勵孩子親近爸爸。有時要替爸爸「做媒」，多對孩子說：「原來跟爸爸玩，是這麼好玩啊！」、「爸爸餵你，你吃得特別棒！」而當爸爸主動想幫忙時，請給予適當的鼓勵，千萬不要惡言批評，否則會令他退縮，而且更會影響孩子對爸爸的印象。

　　媽媽看見爸爸帶孩子時，有時難免因為處理手法不同而生氣怨懟，但要理性面對，避免遷怒於另一半身上，別讓爸爸將「帶孩子」和「負面情緒」聯想在一起。另外，爸爸下班後無論多累，也要求他每天花

一點時間陪陪孩子，把這件事養成習慣。

給寶寶餵食和唱兒歌

對於年幼孩子來說，「吃」是最重要的，可以讓爸爸以餵食來親近寶寶，最快見效。另外，可教導爸爸哼唱兒歌，讓寶寶多聽聽爸爸溫柔的聲音。

媽媽謹記別做「甚麼都懂」的能幹妻子，切忌因為男人不擅長湊仔，就把所有工作都攬上身；應要在適當時候示弱，讓丈夫多點參與照顧孩子。爸爸投入的努力愈多，孩子就跟他愈親近，他的滿足感愈

大，就更願意分擔照顧孩子的工作——這絕對是個正回饋反應（positive feedback loop）！當你在旁邊用力鼓掌，讓他了解到育兒親子的樂趣和成功感，他就自然肯分擔工作、減輕家庭的負擔，令需要上班的媽媽能喘一口氣。

爸媽互相補位，交換湊仔心得

媽媽要適當放心，為爸爸與孩子安排每週一晚（或逢週末下午）的爸爸專屬時間，讓爸爸擁有單獨照顧孩子的「父子／女時光」，媽媽則外出散心；不但能培養親子關係，而且是對妻子情緒上表示支持。

媽媽可時常和爸爸分享孩子可愛有趣的行為，並互相交換湊仔意見。很多人說生孩子後夫妻疏離，尤其女性會專注照顧初生嬰兒而忽略丈夫；而我卻覺得女兒就像我倆的新「玩具」，提供了以前二人世界時沒有的話題和歡樂。兩夫妻經常有商有量，齊心協力解決各種育兒困難，這也是夫妻之間的另類溝通。

另外，媽媽要放手讓爸爸嘗試。爸爸育兒時，媽媽要求別太高。畢竟，男人女人在照顧孩子的細心程度上，本來就是不同的。而且也可以向男人學習，例如媽媽把孩子帶出去，爸爸會開罐啤酒看電視，從不會擔心母子在外頭過得不好。因此，輪到爸爸帶孩子出門時，女人也要學習放手，千萬別擔心「衣服穿得夠不夠？」、「別讓孩子吃糖吃薯片。」、「碰過樓梯扶手有沒有洗手？」想得太多，會搞得自己精神疲憊。

我聽過一個理論，說媽媽愈懶惰，爸爸就會更勤勞、孩子更獨立、

家庭更幸福！做女人的，可以偶爾偷個懶、適當時候放個手，別為難孩子和丈夫；更要緊的，是別為難了自己。

我家爸爸的育兒工作

✓ 每晚講床邊故事。

✓ 協助完成學校的美勞功課。

✓ 與孩子砌繁複的積木，啟動電腦程式，控制砌成的機械人。

✓ 在我週末上班時，接送女兒學網球、唱歌、話劇，並與她們吃壽司。

✓ 週日帶孩子上超市買日用品。

✓ 假日陪孩子午睡。

✓ 將孩子們拋上半空接回，又攬着她們急速旋轉，嚇得她們高聲尖叫。

✓ 絮絮不休地提醒女兒字體要端正，耐心地看着她逐筆劃寫好。

✓ 當我被女兒氣得發瘋，分隔開不知所措的女兒和瀕臨崩潰的媽媽。

✓ 當孩子們頑皮爭吵時，嚴厲責罵，罰她們站在牆角。

✓ 晚上臨睡前，針對孩子所犯的錯，從書中揀選一個有教育意義的故事，講給她們聽，讓她們知道如何改過。

✓ 教孩子們製作西多士、弄啫喱、焗蛋糕，並監督她們的進食禮儀，以及吃完後自己清洗餐具。

- ✓ 做「蝦蟹剝殼機」，不論是基圍蝦還是瀨尿蝦、大閘蟹還是長腳蟹，還有蜆蚌鮑魚貝殼、魚骨、雞翼骨、龍眼荔枝柚子、罐頭……都由他的巧手負責。

- ✓ 一有空就給女兒講《兒童自救手冊》，教曉她們「被困電梯怎樣應付」、「被狗咬了怎麼辦」、「有人打架別圍觀」等等。

- ✓ 陪孩子參加學校旅行、參觀「生態園」這些上山下海的活動。

- ✓ 做孩子的司機兼人肉導航。

- ✓ 孩子的傢俬和大型日用品，屬於他的管治範疇。

- ✓ 玩具修理員。

- ✓ 與女兒「單獨約會」：去太空館看全天域電影、在公園騎自行車、到餅店買曲奇、探望鄰居的小狗、參與親子義工活動等。

- ✓ 與兩個女兒一起拼拼圖、捉棋、種植花草、看卡通片等

其他爸爸的親子活動建議

幼兒時期	☺ 爸爸的胸膛寬厚，抱着睡覺最舒適。 ☺ 在公園溜滑梯、盪鞦韆、爬欄杆時，做最佳保鑣。 ☺ 扮鬼臉、大眼瞪小眼、用身體當作孩子的畫板或貼紙書等；無聊卻逗得兒女哈哈大笑的遊戲。 ☺ 騎牛牛、騎膊馬、空中飛人、人肉升降機、人肉溜滑梯、人肉摩天輪……不但能增進父親和孩子的關係，而且訓練臂肌和腰勁，保持青春活力。（爸爸們要注意不要弄傷自己啊！）
男孩子	☺ 讓兒子看男性時裝雜誌，然後替爸爸揀選一星期的服飾，包括上班、週末娛樂、運動等，教他穿衣之道。 ☺ 工餘時間一同報讀興趣班，如烹飪、攝影、木工、電腦等。 ☺ 一起自製玩具、書架，或修理傢具和換電燈泡。 ☺ 去工地觀察建造房屋或修築道路的情況。 ☺ 兩父子去郊野遠足，或到野外宿營。 ☺ 出席兒子參加的運動比賽，在場邊為他吶喊打氣。 ☺ 玩球類活動

女孩子	☺ 每 3 個月，跟女兒進行約會，例如吃燭光晚餐、看電影、聽音樂會或看話劇表演，讓她知道與男生約會是怎樣的。
	☺ 帶女兒去飾物店揀選頭飾，與她一起「扮靚」，或去化妝品店為媽媽選購香水。
	☺ 週末帶她去 Art Jamming（自助繪畫），發揮藝術潛能。
	☺ 請媽媽替女兒打扮漂亮，兩父女去郊外拍一輯照片，爸爸是攝影師，女兒充當模特兒。
	☺ 熄燈、點蠟燭，一邊吃零食，一邊談心事。
	☺ 一起烤焗美味的曲奇餅，讓她分送給同學。
	☺ 參與父女化妝班，或者像外國某網絡紅人般，學習替女兒紮頭髮，紮出各種高難度造型。

其實爸爸本身已是孩子最好的玩具！工作媽媽們，要好好發掘爸爸數之不盡的「功用」，減輕家庭育兒壓力，讓你有足夠精神去追求理想。

男士的教養優勢

事實上，爸爸有許多媽媽沒有的育兒優勢。所以，爸爸照顧孩子並非錦上添花，而是不可或缺、無可替代的！爸爸的教養優勢包括：

訓練孩子的體能發展

爸爸是兒子的榜樣，可以引導家中男孩的成長。另外，由於男士體能較佳，動作大而強烈，能滿足孩子好動的天性。他們擅長與孩子玩刺激活動，如疊羅漢、騎膊馬、高舉孩子等，可培養孩子的運動神經和肢體發展。每當孩子參加體育比賽時，會吸引很多爸爸前來助陣，在一旁指點、加油、吶喊，比媽媽的靜態陪伴痛快得多。

理性的象徵，教授邏輯

一般來説，男士較精通邏輯與規律，可以教授孩子邏輯思考，帶領他們做科學實驗、研究電器、進行棋類遊戲等。另外，男性具備理性思維，擅長講道理，從大方向為孩子分析問題，並提供具體的解決方案，而女人則天性敏感，思考問題會從感性出發，而且注重情緒和細節。爸媽理性與感性並重的教養，可使孩子全方位發展。

營造輕鬆環境，培養正向情緒

爸爸不拘小節，令氣氛輕鬆。許多媽媽則比較嚴格，要求孩子循規蹈矩，有時卻會令兒女壓力很大。而爸爸自己也是個小孩，比媽媽精通橫衝直撞、跑跑跳跳、大笑大叫、亂七八糟的嬉戲。其中過程，包含了很多正能量和親子交流，可培養孩子的正向情緒。

培養孩子敢於挑戰和冒險

男士較有冒險精神，媽媽通常把孩子照顧得太過安全，將「不要去，太危險！」掛在嘴邊；但是爸爸往往會鼓吹孩子「要勇敢，去嘗試！」能夠平衡媽媽對孩子的過度保護，讓孩子更勇於探索和發揮冒險精神。面對孩子受挫哭泣，媽媽每每急於安撫，爸爸則懂得保持冷靜，不會感情用事，並傾向讓孩子經歷一些挫折，這有利於孩子面對將來的挑戰。

爸爸鼓勵孩子親近大自然，因為男性比較樂於探索自然環境，喜歡上山下海、登山與露營。有爸爸參與育兒的家庭，進行的戶外活動較多。

快去遊說爸爸吧！

爸爸的教養，對孩子的成長無比重要，這點已經被許多研究證實。男人比較相信數據和科學，所以我在這裏大量引經據典，並附上引文出處，方便你們拿去說服丈夫，儘快增加照顧孩子的工作！

父嬰關係親密，孩子較少行為問題

✿ 2013 年，發表在《兒童心理學和精神病學雜誌》上的英國研究報告指出，父嬰關係疏遠、缺少溝通，會令寶寶 1 歲時出現顯著的行為問題；建議從嬰兒時期開始，父親應儘早與寶寶進行互動。[1]

✿ 2016 年，牛津大學學者發表 10 年研究結果，指出爸爸「如何看

待自己的父親身份、對父親角色價值的評估、以及能否適應父親工作」，會直接影響孩子將來在少年時期的品行和表現。另外，倘若媽媽信任新手爸爸的能力、樂意讓他一起照顧，將有助增加爸爸的信心和安全感。夫妻合作穩固，孩子長成後會較少出現行為問題。[2]

✿ 2017 年，牛津大學、倫敦國王學院、倫敦帝國學院聯合發表報告，稱出生後幾個月內常與父親玩耍互動的嬰兒，其兩歲時的認知能力和智力，比那些從不與父親互動的孩子明顯要優秀。[3]

爸爸的參與，對女孩成長影響深遠

✿ 2015 年，巴基斯坦的研究指出，擁有父親支持和信任的女孩，自尊心發展健康，擁有較好的自我形象，在學校的表現出色，成長後亦會獲得較高的經濟收入。[4]

✿ 2018 年，有英國研究指出，父女關係愈好，女兒的人際關係會愈完滿，懂得解決社交上遇到的難題。[5]

照顧孩子，對爸爸自己也有好處

✿ 2001 年及 2010 年，美國賓州州立大學人類發展與社會學的研究都發現，參與照料孩子的中年爸爸，比其他男士有更強烈的「利他主意」，在社交生活、家人關係和工作態度上，都有所增長。這些父親比較會參加公益和社會團體，也會跟自己的父母重新建立良好的互動方式及關係；而且跟孩子相處的時間愈多，這種影響就愈顯得深刻。[6][7]

✿ 2014 年，根據美國國家科學院的發表研究，花時間照顧孩子，能重塑一個父親的腦部路徑，使其產生更多母性本能；另外也能活化腦部負責處理情緒、對危險的警覺性和獎賞鼓勵的區域。[8]

參考資料

1. Ramchandani PG, Domoney J, Sethna V, Psychogiou L, Vlachos H, Murray L. *Do early father-infant interactions predict the onset of externalising behaviours in young children? Findings from a longitudinal cohort study.* J Child Psychol Psychiatry. 2013 Jan;54(1):56-64.

2. Opondo C, Redshaw M, Savage-McGlynn E, et al. *Father involvement in early child-rearing and behavioural outcomes in their pre-adolescent children: evidence from the ALSPAC UK birth cohort.* BMJ Open 2016;6.

3. Sethna V, Perry E, Domoney J, Iles J, Psychogiou L, Rowbotham NEL, Stein A, Murray L, Ramchandani PG. *Father-child interactions at 3 months and 24 months: Contributions to children's cognitive development at 24 months.* Infant Ment Health J. 2017 May;38(3):378-390.

4. Asbah Zia, Anila Amber Malik, Saima Masoom Ali. *Father and Daughter Relationship and Its Impact on Daughter's Self-Esteem and Academic Achievement.* Academic Journal of Interdisciplinary Studies. Vol 4 no. 1 2015.

5. Saima Masoom Ali. *Positive Father and Daughter Relationship and Its impact on Daughter's Interpersonal Problem.* Journal of Social Science and Humanities August 2018.

6. David J. Eggebeen, Chris Knoester. *Does Fatherhood Matter for Men?* Journal of Marriage and Family Vol. 63, No. 2 (May, 2001), pp. 381-393.

7. David J. Eggebeen, Jeffrey Dew, and Chris Knoester. *Fatherhood and Men's Lives at Middle Age.* J Fam Issues. 2010 Jan; 31(1): 113–130.

8. Eyal Abraham, Talma Hendler, Irit Shapira-Lichter, Yaniv Kanat-Maymon, Orna Zagoory-Sharon, and Ruth Feldman. *Father's brain is sensitive to childcare experiences.* PNAS July 8, 2014 111 (27) 9792-9797.

女兒上小一的經歷

大女兒升上小學，頭一個月我簡直叫苦連天。一家人需要重新適應全日制上學、新校規、上課時間表、安排各種文具餐具，以及兩小時的往返交通時間。功課方面，新的功課模式、抄手冊、收拾書包、默書、網上功課、閱讀報告、專題習作、課外活動、比賽等，原來比想像中複雜。還有排山倒海的通告、與新同學新家長的社交、學校講座、家教會活動、家長義工⋯⋯面對着各種陌生的細節，竟然被殺個措手不及，一時手忙腳亂。

每天下班，我馬上衝回家，首先檢查女兒的功課，逐樣逐題校對無誤，看着她放進「功課袋」內；又要簽手冊、下載通告、填寫表格、準備翌日需要的物品，隨即監督她收拾書包。

接着，我替女兒登入幾個不同網站，讓她完成網上功課，然後協助她溫習默書，並將派回的各科工作紙摺好、打孔，叫她放進指定的活頁夾裏。吃過晚飯後，還要督促她練習鋼琴。

老實說，學校的功課不算多也不算艱深，女兒在學習知識上亦毫無困難，絕對不需要我另外指導。可是，每天十多樣瑣瑣碎碎、不熟悉的工作，叫我費心用神，實在吃不消。

最大的問題，是大女兒天生慢條斯理、悠悠閒閒的性格，而且超級愛發白日夢：做功課時對着窗外發呆、收拾書包中途突然研究牆壁上的花紋、吃飯時思緒飛往外太空去、練鋼琴時把臉埋在琴譜細讀。我要不斷地催促：「你快點啦！你快點啦！」我每講一次，她就做一點點；我若不說話，她就真的打算天長地久地拖延下去。輕鬆散漫、依賴性強的大小姐，樂得讓歇斯底里的媽媽替她煩惱和籌謀，後來甚至連「刨鉛筆」，也索性交給我了。

　　我很快便意識到巨大危機：小學一年級已經如此，將來高班的功課愈來愈複雜、活動愈來愈繁多，豈不是要了我的命？難道我在醫院工作一整天，下班後還要幹「另一份職業」嗎？

　　一定要儘快訓練孩子的自理和獨立能力，我才能擁有時間和自由！於是，待我摸熟了小學的模式和節奏後，便開始逐步培養女兒處理自己的學業。

　　首先，我定下了她每天在家的時間表，何時看電視、吃茶點，何時做功課、練鋼琴，清清楚楚的寫在白板上。倘若做不完，便要延遲吃飯和玩耍時間。我每天在特定時間打一次電話回家，提醒女兒，以取代在她身旁吼叫和催趕。當女兒習慣固定安排後，我提議嘗試一星期的「自理週」，設計了一份表格貼在牆上，列出她要自己完成的事情：

	星期一	星期二	星期三	星期四	星期五
做功課					
收拾書包					
將工作紙放進文件夾					
溫習					

完成後請 √ 或評分

在「自理週」內，我會袖手旁觀，不會替她檢查功課和書包，不會幫她溫習默書，一切欠交和錯漏的後果自負。她則根據自己的表現，給自己評分。

經過三個月的摸索、練習，女兒逐漸明白「上小學」和「上幼稚園」的分別，開始知道自己在做甚麼了，自理能力亦漸入佳境。至少做功課和收拾書包等，都不需要我去煩惱。我相信，只要我倆繼續努力，情況一定會愈來愈好。

訓練孩子獨立

工作媽媽要令家庭時間盡量夠用，首先要儘早培養孩子獨立，包括進食、自理、功課、學習、家務、玩耍、洗澡、睡覺、情緒、思考。他們愈懂得照顧自己，媽媽就會愈輕鬆，時間愈寬裕。而且，知道自己的孩子獨立，媽媽們上班時也安心，可以更專注完成工作。

孩子們學習得很快，充滿可塑性。可是，有些媽媽比較感性：「我不想孩子大得這樣快啊！長大了就不再黏着我了。真希望他們的幼兒

時期愈長愈好！」對於這類想法，我實在不敢苟同：你希望孩子一直幼稚和依賴，究竟是為孩子的未來着想，還是為了滿足自己的「母愛」表演慾？倘若真的愛孩子，就請努力訓練他們獨立和成熟！

自己做功課

即使是幼稚園學生，都應該自己獨立完成作業，不需要媽媽陪伴。待全部做好後，媽媽才逐一檢查，改正錯誤，解釋不懂的地方。

現今學生，從幼稚園開始，隔天就有需要「找圖片」的功課：上星期要搜尋牛奶副產品的圖片，今天要貼交通工具的照片，過兩天又要帶非洲動植物的圖畫回校，瑣雜得叫人支持不住。

工作媽媽並非每天都可以趕在孩子睡着前回到家中，一起找圖片。因此，我開始教女兒們自己上網，找資料、揀圖片，並且打印出來。另外，如果有些字不懂得寫，我也鼓勵她們自己上網找出答案。自己搜尋資料去解決問題，是新一代的學習模式，應該趁早訓練。

而因為要打印圖片，我亦決定要安裝打印機。其實除了頻繁的「圖片搜尋」功課，還有許多情況需要用到打印機（連同影印及掃描功能），例如報考小學，要列印表格、影印證件、做個人文件集；上了小學，要打印資料功課、復印舊試卷等。而且自己工作上，有時也需要在家中列印論文與講義。所以，即使家居的空間非常有限，也不得不添置一部打印機。

工時年年有增長，媽媽回到家中，可能已接近孩子的睡覺時間，根本不能指導功課。因此，當遇到難題時，可讓孩子打電話給工作中

的父母求助，或使用電郵和手機短訊詢問。

視藝功課方面，由於我天生不擅長繪畫和手工，對女兒的美術功課愛莫能助。幸好家中長備大量兒童視藝書籍，如《365種創意拼貼》、《50款美術遊戲》、《環保紙藝動手做》之類，給她們許多好點子，協助完成畫作和勞作。

除此之外，我會訓練孩子學習文件收納的技巧。學校派回來的工作紙，我會打孔，然後要求孩子們自己分別裝進中、英、數、常識等科目的活頁夾內。她們各有一格書櫃，專門放置這些活頁夾和功課簿。

自己拿東西

當媽媽正為家事和工作忙得頭暈轉向時，孩子卻每隔兩分鐘叫你：「媽媽，幫我打開玩具箱！」、「媽媽，我要刨鉛筆。」、「媽媽，我肚餓！」、「媽媽，我找不到叉子。」、「媽媽，我流鼻水了，紙巾在哪兒？」

幼兒時期，父母把會被打破的、被弄壞的和被吞下的「危險東西」，放在他們拿不到的地方。可是隨着孩子成長，就應將他們經常需要用的東西，放在適合他們高度、容易拿取的位置。這樣，他們就再沒有藉口要媽媽幫忙拿東西，可以自己做到的就自己做，節省了媽媽的時間。例如：

✿ 孩子早已在學校學會倒水和使用餐具，所以應該把水瓶、水杯和匙羹、刀叉，放回他們可以碰觸的位置，讓他們自己招呼自己吃喝。

✿ 電話放下來，方便他們接聽。怕電器會被弄壞？倘若他們到了懂事的年紀，還會將電視遙控器拆開並吞吃螺絲，那我就真的無話可說了。

✿ 紙筆墨硯、勞作用品（包括剪刀和漿糊），要放在當眼地方，方便做功課或畫畫。

✿ 孩子的衣服，要放在容易開關的抽屜；穿甚麼衣服，自己適擇自己拿。雖然他們的衣着品味未必很好，可是當媽媽要忙碌地兼顧家庭與工作的時候，衣着品味就成了次要。待孩子到了青春期時，還怕他們不去認真學打扮嗎？

自己吃飯

記得懷孕時，和丈夫去披薩店，看見鄰座外籍夫婦，讓一歲半孩子自己用手吃披薩和意大利麵，任由肉醬抹個滿臉、麵條黏在袖口，還有滿椅滿地的餅屑肉碎，一塌糊塗。我倆看得有趣，曾說過：「將來也學他們般，訓練孩子自己進食，即使弄得一身髒亂也不打緊。」

可是知易行難！當女兒吃飯弄污衣服，總忍不住立刻拭抹；食物塊頭稍大，忍不住替她剪碎；見她吃得慢，又忍不住出手餵。結果吃飯的速度很快，但女兒的自理能力卻進展緩慢。

吸收了經驗，對第二個孩子的訓練，便由幼兒時期做起。準備可愛的幼兒餐具，坐在專屬餐桌椅上進食，與成人同坐用餐，建立良好的吃飯習慣。最要緊是家長忍得住袖手旁觀，願意減慢節奏、接受混亂。

現在，每逢茶點時間，我給自己倒杯奶茶，坐在小餐桌旁等候；女兒自己到廚房拉開抽屜，選擇小食和飲料，準備面紙和餐具。我會陪伴她們吃茶點，享受溫馨時光，卻不會做侍應生斟茶遞水！

我又會請孩子自己準備食物。我不是煮飯媽媽，但有時候會在家裏與女兒一起做些簡單料理，如弄沙律、焗蛋糕、捲飯糰、做三文治，目的是讓孩子多接觸食材，培養她們煮食的概念。

例如近年流行的「玻璃樽沙律」（Salad in a jar），將材料層層疊疊的放進玻璃樽內，既好吃、好看、有益，又容易做。跟隨互聯網上的食譜，就能拼湊出凱撒沙律、希臘式沙律、水牛城雞肉、墨西哥捲餅、日式冷麵等不同口味。一次過做多點份量，放在雪櫃保鮮幾日，吃的時候搖勻材料倒在碟上，非常方便。每次我都會讓女兒幫忙簡單工作，如剝雞蛋、切芝士、撕生菜、混醬汁等。做沙津已成為我們最喜愛的親子活動。

自己做家務

要外出了，大女兒窩在房裏慢吞吞的不知幹甚麼，正想催促，卻見她指着床上一堆東西說：「看，我把睡衣摺好了，是不是摺得很整齊？」我看到那套被摺得奇形怪狀的睡衣，上面帶着女兒用心整理的痕跡，心中暗嘆她始終不是個心靈手巧的人，臉上卻露出讚揚的微笑：「原來你在摺衫嗎？真乖。摺得十分好呢！」

訓練孩子做家務，最忌批評和説教。我們毋須每每追求完美，應盡量小事化無、一笑置之，以正向思維引導孩子。萬一因為做家務而打破碗盤或弄壞傢具，千萬不要立刻怪責懲罰，要先弄清楚事情始末，否則會令孩子以後更不願意動手。

　　只要孩子肯自動自覺，媽媽便毋須事必躬親，忙亂得沒有休息時間。即使家裏已聘有好幾個傭人，也該訓練孩子的自理能力，不能把他們寵得像公主王子。

　　每個年紀，都有可以勝任的家務，例如：

3-4 歲	☺	掛衣服、摺內衣、擺飯桌、收餐具、收拾玩具
5-6 歲	☺	洗碗碟、抹桌子、收拾書包、摺被單、摺疊大人衣服
7-9 歲	☺	煮簡單的食物、掃地、照顧寵物、澆花除草
9 歲以上	☺	換電池、換燈泡、拖地、吸塵、縫鈕扣

　　為了鼓勵他們，你要製造方便的環境。另外，你可以設立獎勵制度，做家務做得好就有糖果、貼紙、零用錢等。

- ✿ 抹布要放在他們拿得到的地方。
- ✿ 準備適合孩子的清潔用具，如小掃把、小畚箕。
- ✿ 碗碟餐具的抽屜要容易開關。
- ✿ 廚房鋅盤前有穩固的腳踏，讓小孩能自己洗碗。
- ✿ 小件衣物放在矮櫃內，好使孩子摺疊衣服後能夠自己放回。
- ✿ 櫃子、箱子或盒子外，寫上標籤，或貼上實物照片，協助幼小的孩子物歸原位。

小孩子喜愛節日，你可以趁着節慶，請他們幫助有關的家事，這樣既能加強訓練，又可感受節日氣氛，例如：

除夕	☺ 幫忙貼春聯、照顧年花、把錢放進紅封包、搓湯圓、包餃子。
農曆新年	☺ 客人來拜年，孩子可以倒茶、煎年糕；客人離開後，可以協助收拾客廳、整理攢盒。
端午節	☺ 包粽子或蒸粽子。
中秋節	☺ 切月餅、掛燈籠。
聖誕節	☺ 佈置家居、整理聖誕樹、包裝禮物、焗蛋糕、寫聖誕卡。

自己找娛樂

當大人們都忙碌的時候，孩子們要懂得自己玩耍，不能分秒要父母侍候在側。在家裏，消閒物品要齊全，書籍、玩具、畫具、圖版遊戲、影碟、電腦等，都放在伸手可及的地方。清走雜物，製造整潔的空間，讓孩子專注地投入玩耍與探索。（精彩兒童活動安排，詳見下篇）

外出跟朋友聚會時，則要懂得主動跟別的孩子交朋友、玩遊戲，不要纏着媽媽。倘若場中全是成年人，孩子可帶備書本、文具、畫簿、神奇畫版、摺紙、貼紙、小玩具、照相機等，學會自得其樂。

要甚麼，自己去問

上餐廳，孩子想叫果汁雪糕，或需要塑膠碗碟、刀叉匙羹，媽媽千萬不要叫侍應生，應該讓他們自己去問。去買玩具，叫孩子自己跟店員溝通。總之想要甚麼就自己去問，讓媽媽歇一歇。

如果孩子害羞、猶豫，要肯定地告訴他：「你即管去問；你是個可愛的小孩子，就算問錯了，也無人會罵你的。」久而久之，孩子養成習慣，便會自己解決問題，也加強了溝通能力。

去熟悉的商場購物，我把單據和車票交給大女兒，讓她去替我做「免費泊車優惠」；到熟悉的餐廳或會所用膳時，我讓小女兒點菜和要求結帳。雖然是被人使喚，她們自己卻覺得很好玩。

培養時間觀念

幼兒對時間的理解很有限。若你想告訴他「8 時吃早餐，9 時做功課，10 時去公園」或「1 小時內吃完晚餐」的話，就要教曉他看時鐘、認時間。

可以給孩子一個鬧鐘，確定他們 1 小時做完功課、休息時間 15 分鐘、安靜時間半小時、罰站時間半小時等，讓他們學會時間觀念。

讓孩子編寫日程

每個月，我會打印「家庭日程表」，以月曆形式記錄每天的活動，貼在雪櫃門上，主要給孩子和家傭看。另外，每個孩子各有一個小白板，寫下她們當天要做的事情，如功課、樂器練習、家務、運動，以及規定的電腦和電視時間。日程表安排得宜、寫得清晰，對教育孩子有數不清的好處：

- ✿ 穩定幼兒的情緒和增加安全感。每晚跟孩子討論翌日日程，讓他們有足夠的心理準備，減少面對突發事件或預期之外情況。

- ✿ 培養時間觀念和自理能力。習慣以後可讓孩子們自己決定明天的日程，以及準備和收拾所需用品。

- ✿ 談論日程表的時候，是優質的親子時間。大家一起回顧當日經歷，互相交流，並讓孩子理解你日間的工作和去向。

- ✿ 編寫日程表同時，可讓幼童趁機學習常識，例如日期、時間、地點，甚至能從表上認字、寫字，或用畫畫來表達自己。

- ✿ 增加孩子的責任心，如一起製作「考試溫習表」、「家務工作表」。

　　培養孩子獨立，有幾點是必須留意的。第一是「示範」。不論是家務、社交，還是時間管理，媽媽先要樹立榜樣、指點細節，別期望孩子會無師自通。第二是「耐性」。自理能力，需要時間建立，容許他們反覆練習，慢慢進步。第三是「平衡」。過度的放縱和過度的監管，都不理想。把握鬆緊程度，並按照孩子的年齡適時調校，對媽媽來說，是一門高深的學問。

　　要求孩子獨立，相對就要賦予他們一點自由和選擇權，對於某些細節，你可能要學習如何「不過問」：一來，表示尊重孩子的抉擇；二來，訓練他們面對挑戰的能力；三來，工作媽媽忙得不可開交，事實上也管不了那麼多啊！

沒有家傭時特別獨立

本地許多家庭都聘用外籍家傭，有些還不止一個。對於要上班的媽媽來說，家傭着實幫忙不少，但副作用是將小主人照顧得太過無微不至，培育了大量缺乏自理能力的「公主」「王子」；別說做家務、煮食、收拾房間、鋪床摺被，連基本的穿衣、穿鞋、吃飯、洗澡……都不曉得。

媽媽們最大的噩夢，是當外傭放假回鄉（或突然辭職不幹），立刻如臨大敵、嚴陣以待，上班遲到早退或索性向公司請長假，好帶孩子和做家務。然而，到最後她們卻是異口同聲地總結說：「當家裏沒有外傭，孩子變得獨立，起居飲食會照料自己，甚至自動自覺協助做家務！」

有位醫生朋友，待孩子上了小學，索性辭退家傭，自己和女兒包辦了所有家務。「這是我最明智的抉擇。」她告訴我：「女兒本來是衣來伸手、飯來張口、極度嚴重的公主病。自從家傭離開，她見我辛苦，於是就主動洗碗、摺衫，又幫忙照顧弟弟，功課也是自己打理妥當，總之不用我擔心。」

孩子都是聰明絕頂的，當知道沒有人可依賴時，就會靠自己；他們的適應能力，比誰都要強呢！

忙碌的工作媽媽，在家中也需要處理大量公務與家務，未必能夠分分秒秒伴陪孩子玩；因此需要為他們預備各種有益身心的消閒娛樂活動，讓他們發洩精力之餘，也能提升思維和技能。

不同類型的消閒玩意和娛樂

書籍

培養閱讀習慣，是我給孩子最大的禮物。愛看書的人永遠不會寂寞，可超越時空地域與作者神交，汲取各種精彩知識，享受歷史文化的優美。

上學前、放學後、臨睡前，任何時候都是讀書的時候。書本永遠不嫌多，媽媽們要經常逛書局，將好書全都搬回家去！

另外，常備一些「遊戲書」，例如走迷宮、填色簿、連線書、貼紙書、發聲書等，也是極好的消閒玩意，可以讓孩子忙上一個半個小時。

可重複使用、孩子可獨自玩的玩具

有不少玩具能讓孩子獨自玩上一陣子，毋須家長全程陪伴。這對於疲倦的工作媽媽來說尤為重要，可以節省精力和時間。以下是一些建議：

安排精彩活動，不再老黏着媽媽

泥膠黏土：許多孩子都喜愛玩黏黏糊糊的東西。據説過程中的揉搓、擠捏和扭絞，可以讓幼兒紓緩內心壓力，協助他們表達情緒。其他好處，包括訓練手部小肌肉、促進手眼協調、培養創意思維等。

畫畫手工：家中常備畫紙、顏料、畫具、剪刀和膠水，以及搜集各式物料如飲品紙盒、廁紙筒、雪條棒、布碎、棉繩、雜誌紙張等，放在一個大箱子裏，讓孩子隨時投入創作。孩子會常在繪畫中流露出內心的情緒，透過欣賞畫作，媽媽或許能了解更多他們的性格和想法！

拼圖、七巧版、模型積木：可訓練孩子的觀察力和邏輯思維，也讓他們展示創意。

煮食玩具、醫生玩具、警察玩具、照顧娃娃玩具等：這些都是幼兒時期已經愛玩的。隨着孩子成長，同樣的玩具，可以通過想像力，製造較複雜的情景，例如：

從簡單的「玩家家酒」，演變為「經營餐廳」，以毛公仔扮客人，孩子可以充當樓面侍應，及組織廚房團隊。讓孩子根據已有的食物玩具，編寫菜單，訂出價目，甚至自製食譜。

從「替娃娃會診看病」，發展為「綜合治療中心」，分開門診、手術室、放射性檢查部、病房、藥房、產房等等，照顧不同的病人（毛公仔）。我的女兒們會發揮創意，用玩具零件組合成氧氣罩、鹽水注射儀器、手術器材等，又用神奇畫板繪出Ｘ光片，自製醫療紀錄和藥紙，十分有趣。

從「兵捉賊」的警察扮演，演化為「職業特工隊」，在家中設置

各式障礙和難題，讓智勇雙全的特工與毛公仔合作，用玩具槍、自製炸彈、萬能鎖匙、解密儀器，以及各種自創的工具，逐一破解困難。

從「照顧洋娃娃」遊戲，改為「帶娃娃去外國旅遊」，收拾行李、訂購機票、入住酒店，讓孩子學習籌劃；到達目的地後，享受異國風情，例如去了非洲要跳土著舞，去了巴西要跳森巴舞之類。

棋類、圖版遊戲：如果家裏有幾兄弟姊妹，或不時有鄰居和同學上門玩耍，棋盤（如波子棋、鬥獸棋）和圖版遊戲（board game，如大富翁、妙探尋兇），或者撲克牌、Uno 紙牌等，就最適合不過了。當孩子到了上小學的年紀，這些都是家中必備的娛樂。

科學實驗

我的大女兒自小對科學興趣濃厚，因此我對於安排幼兒科學實驗，有些經驗和心得。書局裏有許多書籍教孩子在家中做簡單的實驗，圖文並茂，指示清晰，鼓勵他們發揮尋根究底的科學精神。以下是不同實驗所需的材料：（註：如果想更方便，市面上有一套套實驗用品出售，每盒做一個實驗，內含所需器具和材料，省下四處搜尋材料的時間。）

物理：
- 不同形狀的磁鐵、萬字夾、金屬玩具車，可用於「磁力實驗」。
- 電筒、小鏡子、放大鏡、三稜鏡、玻璃紙和鋁箔，是「光學實驗」不可或缺的。

- ✿ 橡皮圈、塑膠瓶、鋁罐、粗幼飲管等，用來做「聲音實驗」。

- ✿ 蠟燭、火柴、氣球、玻璃瓶，都是做「空氣實驗」的材料。

化學：

- ✿ 梳打粉、食用醋、顏料、洗手液，是「火山爆發實驗」的材料。只要預備大量紙碟、攪拌棒及膠枱布墊枱，孩子們很樂意不斷重複這個好玩的遊戲。

- ✿ 膠漿和硼砂，魚膠粉（gelatin）和糖漿，製造最受孩子歡迎的「鬼口水」、「假鼻涕」等。

- ✿ 硬幣、鹽和醋，馬鈴薯及碘液，生雞蛋和醋，都能展示各種化學作用。

（註：某些材料，如硼砂和碘酒，若不慎食用會對身體有害，建議只讓年紀較大、理解化學物品風險的孩子碰觸。）

生物：

✿ 綠豆、豆芽、紅蘿蔔、番茄、海草，都可以輕易在家中種植；而蛋殼、咖啡渣滓等廚餘，更是上好的肥料。準備棉花、泥土、花盆，讓孩子體驗親手種植的樂趣，並從觀察中了解植物生長的過程。

益智影碟

現今大多數家長會讓孩子上網看卡通節目。我比較舊式，仍是一套一套的幼兒影碟買回家。內容有講做人道理的、有教中文英文數學的、有講解科學知識的，也有唱歌跳舞的。

買影碟而不上網的好處，是每隻影碟通常 1 小時，可以限制孩子每次看電視的時間，而且不會有廣告出現，打擾專注力，或誘導孩子中途瀏覽別的東西。

電腦遊戲

孩子 5 歲之前，我嚴禁她們玩任何電腦遊戲。後來，大女兒開始學習電腦程式設計，要使用 Hopscotch、Scratch、Minecraft 之類程式，我才讓她隨時上網。

慶幸的是，女兒並不沉迷螢幕，不會長時間賴在電腦面前，也很

少玩沒有意義的電玩遊戲,這是因為她早已經「沉迷看書」!從小培養讀書的習慣,不讓孩子過早接觸螢幕,是至為重要的。

事實上,當家裏常備以上各種精彩的兒童玩意時,孩子也不會無聊到只想着打電玩了。

玩意要有新鮮感

玩具或書籍毋須昂貴,但卻要有新意。孩子們都是貪新厭舊的,只要是未見過碰過的物件,都會覺得十分好玩。舉個例子,我現在剛吃完午飯,兩個女兒卻仍在餐桌上磨蹭,有一搭沒一搭的聊天,似乎打算天荒地老的吃下去。

我不會嘮嘮叨叨地催促她們快點吃完。取而代之,我拖來兩張兒童小桌子,上面擺放着:一疊昨日從主題樂園領回來的貼紙、一疊前天參觀「蝙蝠展覽」後得來的手工摺紙、半打畫紙、顏色水筆、膠紙及剪刀、一本新出的兒童科學雜誌、幾塊泥膠。並且,我確保起居室內有充足的光線、流通的空氣、寧靜的環境。然後,我躲進房間裏寫文章。

女兒們看到有新鮮玩意出現面前,不消 5 分鐘就吃完飯,然後快樂地舞弄着小桌子上的東西,1 小時內不會來騷擾我。媽媽的時間就是如此賺來的。

疲累時的有趣親子活動

工作了一整天,你已疲憊得連眼睛也睜不開,只想蜷曲在沙發上休息,但孩子卻不停扯着你玩耍,有甚麼好辦法呢?你可以提議玩一些讓自己不太費神的遊戲,例如:

- 你當病人，躺在沙發上，讓孩子當外科醫生，替你做手術。給他們幾卷繃帶，將你「受傷」的部位，從頭到腳包紮起來。

- 孩子做警察，你當被抓住的犯人，當他們在街上巡邏維持治安時，你就待在監獄（即是沙發）內服刑。

- 安坐小椅子上，讓女兒幫你打扮，紮頭髮、塗化妝品、戴首飾、用貼紙裝飾指甲。

- 把朱古力收藏起來，玩尋寶遊戲。（有些「狠心」的家長，會收起四件寶藏，卻告訴孩子有五件寶藏，務求為自己爭取更多休息時間。）

- 玩「收買佬」，寫下幾十樣不同的家居物品，叫孩子鬥快找出來，期間你就靜靜躺在沙發（又是沙發）等候。

- 扮作是你生日、升職、畢業、得獎的好日子，請孩子為你製作賀卡、獎盃、禮物、紙花束，你就躺在旁邊等候收禮。

- 跟女兒扮演「睡美人」，穿上紗裙長裙，一起睡在床上，等王子（一小時後才下班的爸爸）來救援。

- 將送貨用的大紙盒搭成小屋或小船，有多大弄多大；然後叫小孩為它上油漆（較小的孩子，可以叫他們用清水來「塗漆」）。

- 一起聆聽「發聲書」。雖然比不上媽媽親自講故事，但倘若下班後的你實在不能集中精神，手機上的「發聲書」應用程式可以暫時代勞。

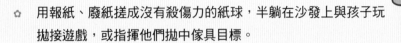

✿ 用報紙、廢紙搓成沒有殺傷力的紙球，半躺在沙發上與孩子玩拋接遊戲，或指揮他們拋中傢具目標。

✿ 用塑膠瓶當作保齡球瓶，讓孩子重複「滾球、擊中球瓶、補中、將球瓶放回原來位置」，消耗體力；而你則負責「記分格」和啦啦隊的角色。

✿ 躺在床上，曲起膝蓋，讓幼兒在你腳下爬過，玩「鑽山洞」的遊戲。期間你可能會突然捉住孩子，或山洞會「塌下」，製造「驚險刺激」的情景。在床上與孩子滾來滾去，嘻哈嬉笑，對媽媽來說也是十分減壓的活動。

✿ 將十多條七彩顏色的皺紙帶兩端，不規則地貼在走廊的兩邊牆壁上，做成《職業特工隊》經常會遇見的「紅外線感應器防盜大陣」。孩子要在不碰觸皺紙帶的情況下，小心翼翼地越過紅外線陣，緩慢的穿過走廊。媽媽可以不斷將難度升級，延長每次穿越的所需時間。

✿ 請孩子幫幫忙，把混在一起的糖果、小串珠，或者紅豆綠豆黃豆，根據顏色分開。

✿ 像耍小貓般，讓孩子追着鐳射筆的光點跑。即使坐在沙發上的你寸步不移，也能使精力充沛的幼童撲來撲去、尖叫和大笑。

✿ 齊齊穿上泳衣，在浴室內瘋狂玩水，水槍、花灑、噴水玩具⋯⋯當然，你先要預備好水災之後的處理方案。

✿ 街頭畫家。架起畫版，請孩子替你畫人像。

醫生媽媽的時間管理術

✿ 舉行時裝表演。特准使用爸爸媽媽的衣服飾物，自由發揮，裝扮好就到客廳的「天橋」上走幾個圈，像個模特兒般；媽媽則負責播放音樂，當觀眾和攝影師。想懶一點的話，索性將攝影機腳架放在「天橋」盡頭，讓孩子自拍自娛。之後大家一起欣賞，享受美好的共同回憶。

✿ 如果有多過一名孩子，可以舉行跳舞比賽，或模仿那些「甚麼一叮」的電視節目。先讓他們設計舞台、選擇舞衣，然後輪流表演；媽媽是評判，給予搞笑的評語，並決定表演者是否「過關」。

✿ 真的累得不行，就扭開電視看「國家地理雜誌」頻道，或放映有教育意義的卡通影碟，大家一起躺在沙發上看吧！

"

工作媽媽在家裏未必有充足精力與孩子時刻嬉耍，不過可以多花心思為他們預備各種有益身心的消閒娛樂，讓他們發洩精力並從遊戲中學習；另外又可與孩子進行一些不用花太多氣力的親子活動，省時省力之餘，又能跟子女共享優質的親子時間。

"

家居收納法，令時間倍增

香港寸金尺土，一家數口擠在有限的地方，整理家居便成為了高難度挑戰。一個成功的媽媽，懂得將家居執拾得井井有條，讓家庭各成員有足夠的活動空間，物件分門別類，看起來整潔清爽，令人心情愉快。事實上，收納法還能為你變出更多時間！

為甚麼收納法能令時間倍增呢？第一，整齊的環境讓思緒清晰，提升工作效率。第二，物歸原位，任何東西都馬上可以找到，節省尋物時間。第三，增加孩子的活動空間，鼓勵他們自己玩耍和探索，不會秒秒鐘黏着媽媽。第四，定期將無用的雜物丟棄，過程就像卸下負擔，有「減壓」作用，做事更能專心致志，快速完成工作。

家居收納第一步：「物盡其用」

你有儲物的習慣嗎？快把藏在櫃子深處的雜物，全部拿出來用吧！例如：

- ✿ 週年大減價時買的昂貴護膚品
- ✿ 旅遊時帶回來的新奇零食
- ✿ 捨不得穿的名牌鞋子
- ✿ 親戚朋友送的兒童衣物、玩具、名貴紅酒茗茶
- ✿ 公司抽獎拿到的禮物
- ✿ 只用過一次的家電

能吃的就吃掉，能穿的就馬上穿，能用的就拿出來用。別要等到過期了、過時了、變黃變舊了，才懊悔莫及。吃不完的，就跟同事分享；穿不上的，就餽贈親友。你會突然發現，家裏的物資原來非常豐富，只要充分發揮和利用，就可為生活添上色彩。清空儲物室和壁櫥，騰出空間，接着，就可以開始有系統地整理家居了。

孩子三雙鞋

　　前陣子在網上，讀到一篇文章名為《孩子的鞋不能超過三雙？心理學家的解釋讓人深思！》，內容提到物資豐富未必是好事。很多時候，選擇愈多，孩子反而愈難快樂，專注力也降低；真是說到我的心坎裏。

　　兒童生長快速，衣履鞋襪轉眼間就不合身。因此，衣物少而精，是最佳選擇。最要緊的是，衣服少，既省地方，整理以及揀選時，又能節省許多時間！

　　一個孩子，球鞋兩雙、上學皮鞋一雙、上街皮鞋一雙、涼鞋一雙，已經足以應付大部分日子。只需要雨季添對雨靴、冬季添雙皮靴，加上某些運動所需要的特別鞋履，如跳舞鞋、足球釘鞋、滾軸溜冰鞋等，這樣的鞋櫃就非常完滿。

　　鞋子必須買合腳的，別買大一號打算讓孩子穿久一點；因為這樣容易絆倒，而且雙腳走得不便也影響活動能力和成長。一般來說，穿一季或最多半年，就要換新的了，所以數量毋須要多。

　　倘若接收兄姊或朋友的二手鞋子，環保兼省錢，固然很好，但要

留意整體數量不要超出所需。童鞋店不時有特別優惠，例如買三對球鞋後，第四對半價，這些時候千萬不要中計。鞋子買多了，並不等如孩子會快樂點。最常見的情況是，鞋子霸佔了位置，卻只穿兩次就不合腳，要送人或丟掉了，多麼不值！

同樣道理，每季的衣裳也毋須超過六套，反正也只能穿着三至六個月。校服當然要足夠，現在許多學校推行「校服循環再用計劃」，接收師兄姊們的捐贈，不僅環保，還省去張羅校服的時間。

但是，運動服、睡衣和內衣褲，絕不能少。有些家長逛街時被漂亮的外衣吸引，忍不住大買特買，卻忽略了最需要定期添置的睡衣和內衣褲。其實這些衣服可以摺疊收藏，不佔太多位置，反而可以多買一些。

幼稚園和初小學生，經常需要裝扮服飾，在聖誕、新年、復活節、萬聖節等日子穿着，扮演不同國家民族、職業、書中角色，以及天使、怪獸、動物、昆蟲之類。這些服裝不常使用，但最佔空間，可以放在壁櫃最高那格，有需要用時，才爬梯子拿出來。

五件玩具

「三雙鞋」的文章作者還說，孩子的玩具最好是五件：少於五件，孩子容易自卑；超過五件，孩子容易分心，限制創造力。孩子要有哪五件玩具？

- ✿　拼裝類玩具，如積木（玩法多變）
- ✿　運動型玩具，如球類、豆袋（促進動作發育）
- ✿　塗鴉類，如畫版、泥膠（發揮想像力）
- ✿　毛絨類，如洋娃娃（童年最初玩伴）
- ✿　音樂玩具，如口琴、搖鼓（培養音樂興趣和節奏感）

　　然而，在這物質豐盛的年代，多數孩子家中都有太多玩具。有些是店裏買的，有些是別人送的，還有快餐店附送的小玩意。看起來精巧吸引，但玩過兩、三次後，孩子就失去興趣，不再碰它們。而且，有經驗的父母就知道，不論家裏有多少玩具，孩子玩來玩去都是最容易拿到的那幾件，其餘的永遠都被束之高閣，在角落裏封塵和發黴。

　　倘若想令玩具的價值得以充分利用，媽媽們可以用以下方法：

保持玩具的新鮮感

　　每兩星期，改變玩具的擺放方式，讓孩子們接觸到不常碰的玩具，保持新鮮感，並鼓勵孩子反覆研究和琢磨他們最喜愛的玩具，嘗試創造出各種新玩法。又可以叫孩子自己收拾玩具，讓他們在收拾途中發現壁櫥一角有盒以前玩過幾次的拼圖，或是很久未碰過的火車路軌，所謂「小別勝新婚」，久別重逢的玩具特別吸引孩子！

　　還有一個提高玩具新鮮感和「價值」的方法。近年幼稚園流行「班

寵物」（class pet），讓同學輪流將身為「班寵物」的毛公仔（布娃娃）帶回家幾天。期間學生會好好招待它，帶它去公園、跟它一起吃飯、做功課等，然後用照片、文字和圖畫記錄，謂之「班寵物的歷險記」。這隻幸運的毛公仔，到過許多孩子的家，而且屢屢被奉為上賓，簡直是達到「玩具價值」的最大化。我覺得此概念也可以應用於鄰居、兄弟姐妹、朋友之間的毛公仔分享，定下日子招待別人的布娃娃，之後還要煞有介事的做記錄，令孩子更懂珍惜玩具。

限制玩具的數量

規定孩子拿一件玩具之前，要先收起另一件。以樂高積木為例，砌成品通常很佔位置，也容易鋪滿塵埃。於是，我定下規矩，每次客廳只許放兩份砌成品。女兒若想砌一套新積木，必須先將其中一套砌成品拆散，收藏進膠盒內。我家中有大大小小二十多套樂高積木，我都丟掉原裝紙盒，改用一個個透明膠盒盛載。只要選對大小合適的盒子，在盒上標明積木的款式，既省位置，又一目了然，方便孩童拿取。

要限制玩具數量，首要是提醒親友，生日和聖誕毋須送贈玩具，同時減少快餐店玩具。兒童餐及巧克力蛋附送的「驚喜玩具」，不知不覺就堆滿客廳。最好一開始就拒絕購買，否則，就應該定期清理丟棄。

買新玩具之前要想清楚，別為了趕潮流、「人有我有」的心態，就添置了轉眼會被忘掉的雜物。當玩具愈來愈多時，可以考慮捐贈。我們會定期捐贈玩具，我家有格抽屜，專門收藏準備捐贈的新舊禮物。尤其是親友餽贈的玩具，倘若太大型的、不適合孩子年齡的、重複的，

或知道孩子玩一兩次就不想再玩的，就會捐去慈善機構。平時多跟孩子解釋「分享」、「環保」的概念，讓他們不會執著擁有過多的物質。特別留意的是，爸媽也要以身作則，自己不要囤積衣服和雜物，不要四處亂丟，否則很難說服孩子去整理玩具。

在整理及捐贈玩具前，爸媽可與孩子一起嚴格挑選玩具，根據孩子的喜好，以及家中空間的限制，嚴選可以留下的玩具，以下是一些建議：

- ❀ 盡量選擇可被重複使用的玩具。（詳見第 49 頁：《安排精彩活動，不再老黏着媽媽》）

- ❀ 放棄不合年齡的玩具。

- ❀ 家長主導，不能完全讓孩子自己決定玩具的去留。

- ❀ 留意哪些玩具從不被碰、不被關心，即使暗地裏丟了，孩子也不察覺。

- ❀ 趁孩子睡着了，才偷偷丟去多餘的玩具。

- ❀ 取出所有玩具，分類及整理，發現重複的立刻丟掉。

- ❀ 紙製手工、科學實驗、廉價模型，通常容易損耗毀爛，因此不能久放。

- ❀ 失去一塊的拼圖，失去零件的電動車，已經破爛、可能會使幼兒受傷的玩具，要狠心放棄。

文件收納法

我的父親是個非常謹慎仔細的人。從小學至大學，我和妹妹的每

一張成績表、畢業證書、比賽文憑、報校表格、推薦信、得獎文章等等，全部原稿連同三至五份複印，都儲存在活頁夾裏。受他的影響，我自小習慣把重要文件影印副本，並妥善收藏。

孩子的證件

出世紙、身份證、回鄉卡和疫苗注射記錄（針卡），不論是看醫生、旅遊，還是報考學校、興趣班和比賽，都會經常用到，所以我每樣都會複印數份。連同證件照片、姓名的貼紙標籤（label）、各會所和組織的會員卡，全部都放進文件袋裏，這樣，便可以隨時隨地拿到所需文件報名活動了。

學校通告

每年九月，學校都會給家長派發幾十份通告：接送方法、訂飯盒、參加課外活動、家長義工、買書買文具、親子講座、學童保健⋯⋯家長們往往填一整日也不完，叫苦連天。還有不定時的網上通告，逐份看嫌瑣碎，漏看了又怕漏了重要資料。

我把通告順序收集在一個「透明多頁文件套」（clear holder），方便隨時翻閱。填好的表格，會掃描或複印副本收藏。待明年開學、再度要填寫類似表格時，或當妹妹升班，我便可以照辦煮碗抄寫，省去不少時間。

興趣班資料

「扇形活頁夾」（multilayer expanding folder）是個塑膠盒子，內

裏可以像風琴般拉開十多個分格，所以又叫「風琴包」。每一格擺放不同課外活動及興趣班的單據、資料、報名表格與獎狀文憑，不論大小厚薄都能妥善儲存，而且一目了然，提取便捷。

孩子的勞作

身為家長的常見煩惱，是家中總是儲存了孩子的大量手工畫作，有些從學校或興趣班帶回來，有些是平時拿廢紙亂畫一通，更有無數自製的父母親節卡、生日卡、聖誕卡、賀年卡及佈置飾品。質素有優有劣，體積有大有小。如果丟棄，既捨不得，又怕傷了孩子的心；收藏，家中又沒有足夠位置，更不想它們會被永久擱起封塵。

我的做法是體積細小的平面作品，放進一本本「透明多頁文件套」（clear holder）；外型龐大或不規則的，拍了照片就逐一棄掉；完全無意義的塗鴉，也丟進垃圾桶。Clear holder 收納簡便，容易翻閱，將來待女兒長大離巢時，我們兩老就可以重溫這些孩子成長的印記，細細回味。

信封和文件夾

我自幼就超級喜歡逛文具店，至今依然，常忍不住從書局買回大大小小的信封、公文袋、不同類型的文件夾、空白 label、信紙，加上不同機構和活動贈送的文件夾，以及可以循環再用的信封，我都放在一起。

我有一個大型的扇形活頁夾公事包（購物贈品），剛好把這些大小不一、軟軟薄薄、不能弄皺的東西裝在一起，放在書桌下。再加上郵票和印了回郵地址的貼紙，寄信就變得方便快捷。

家庭的文件

我使用多個「扇形活頁夾」，分別儲存稅務記錄、銀行單據、信用卡單據、保險單、醫療記錄、汽車文件、醫生登記資料等等。每一至兩年整理一次，將舊文件撕碎扔掉，騰出空間放置新文件。

我知道現今以上文件大部分已用電子版本，這樣很好，可以環保一點，又省回擺放文件的位置。可是電子文件也該好好收藏，用「文件夾」分門別類，當有需要的時候可以立刻取出使用。另外，與其存於雲端有洩密風險，不如下載至電腦和外部儲存裝置中，設立保護密碼，比較安全。

家居電器、傢具、電子玩具的「說明書」必須妥善擺放，可以與買賣單據和保養證書一起存放，分門別類地擺放在容易拿取的地方。

孩子的照片

以前的照片，都存放在相簿和菲林膠卷；現今的照片則分佈於手機和雲端，既方便又省地方，但是數量卻是以往的幾十倍！

我有個朋友，是個勤奮又能幹的媽媽，每年都從幾千張家庭照片中揀選精華部分，製作獨一無二的年曆，以紀念以往一年的快樂時光。她的這個作業，多年來從無間斷。現在小女兒也十二歲了，家裏就有十多本精緻又有紀念價值的年曆。她說，待女兒們嫁人時拿出來，就非常震撼了，真是佩服她的超人毅力和工作效率。

我可沒有這個耐心，試了兩年就放棄了。我最多能做到的，是每

個月將手機上的照片存放至電腦及外部儲存硬體，逐年逐月的分配好，儲在不同文件夾內，配合手機上的日曆，要尋找哪一天活動照片就毫無難度。空出手機上的儲存空間，讓它運行得更快更順暢，也是增加時間和效率的訣竅。

我知道，電腦上有許多很好很先進的程式，替你將照片分門別類，又自動製作成動畫或短片，可是作為「電腦白痴」的我，暫時只能做到這一步了！

傢具的擺放要與時並進

孩子初出生，家裏的佈置立時天翻地覆。地板鋪了厚厚的地墊，飯桌和儲物櫃角貼上防撞膠帶，廚房的門口裝了欄柵；最重要的，是騰出了位置擺放嬰兒床，附近還有換尿布的床板、放尿布和奶瓶的布袋、洗澡用的盆子等等一大堆。

後來孩子稍大，又買來嬰兒高椅，以及小小的桌子和凳子。矮的櫃檯上全部用來擺放玩具和嬰孩用品，危險東西改放高處。那些怕孩子碰到亂搞或打破的，如水瓶、刀叉匙羹、室內電話、電視遙控器、電腦、相架、結他，或者怕他們吞下的體積細小的東西，如藥丸、首飾、文具、調味料等，都要放在他們拿不到的地方。家居看來凌亂而且沒有品味，可是卻是最安全舒適的地方。

這一切，對於父母來說，仍然是歷歷在目，彷如昨天才發生。轉眼間，孩子們都上幼稚園了。忙碌的學校生活令媽媽不可開交，只顧着為孩子不斷添置新用品，卻忘記其實家裏的傢俬和佈置，已經不合

時宜，現在是時候要來個大轉變了。

例如地墊和欄柵，其實在三歲以後已經不再需要；高椅也該在五歲後扔掉。幼兒用的塑膠／木造小桌子和凳子，該考慮換上比較正式的書桌，以及可調較高度的旋轉椅子。

還有許多被遺忘的冗物。仔細想想，奶樽、奶瓶消毒器、泵奶工具、奶嘴、食物磨碎器皿，是否仍然藏在廚櫃的深處？嬰兒揹帶、換尿布的墊子、外出用的椅子增高墊、椅子安全帶、嬰兒車、玩具及布製書、洗澡用的鴨子、爽身粉、獨立包裝的純水濕紙巾……趕快全部從櫃子裏翻出來，送人的送人，丟掉的丟掉，空出位置來擺放更實用的東西！

要記着，整潔的房間，促使孩子專心致志，投入學習與探索。相反，生活在一個堆滿無用雜物的地方，會令孩子煩悶壓抑，容易暴躁發怒。

家是讓人休息充電的地方，一個整潔舒適的家居使家庭各成員有足夠的活動空間，令人心情輕鬆愉快。雖然工作媽媽不能全天候執拾及整理家居，但只要掌握了整理方法和收納法，帶領孩子一起把各類衣物、玩具、文件等收納妥當，便可省卻每天收拾家居的時間了！

工作媽媽與學校的互動

工作媽媽其中一個難題，是難以密切地留意子女在學校的情況。我們無法每天接送上學、經常向老師了解孩子上課細節、觀察他們和同學之間的互動、與其他家長認識和寒暄等；甚至有些親子活動，我們未能向公司告假，也被迫缺席。

相比起有些全職媽媽，永遠清楚知道課程進度、功課要求、老師性情、同學能力，記得幾時默書測驗、幾時要搞 project，所有細節鉅細無遺。甚至有閒暇做「家長義工」，天天在校園幫忙，對學校地理、人物、時間等一切瞭如指掌，這些更令工作媽媽汗顏。

工作媽媽增加與學校的互動的方法

參加家教會

雖然你因為要上班，未必能出席每一次的會議，可是你職業上的技能和人脈，一定能夠為學校作出貢獻。例如：

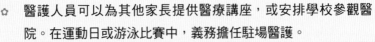

✿ 醫護人員可以為其他家長提供醫療講座，或安排學校參觀醫院。在運動日或游泳比賽中，義務擔任駐場醫護。

✿ 律師可以為家教會的法律事務提出專業意見。

✿ 會計師能擔任會內的財政。

✿ 設計師、廣告業人士，可為家教會或學校活動設計宣傳海報。

✿ 從事社會工作的家長，能負責聯絡慈善團體，為學校籌備親子義工活動。

✿ IT 業的家長，可以幫忙整理學校網頁。

✿ 藝術家能為學生搞工作坊，擔任學校音樂／繪畫／舞蹈等比賽的評判。

✿ 紀律部隊如警察、消防員，可以定期到學校為學生講解工作內容，安排參觀工作地方。

參與家教會的好處

- 親身了解學校政策和發展方向,增加歸屬感。

- 窺探孩子在學校裏的生活。

- 讓孩子感受到你的參與,增加家庭內的話題。

- 向老師和其他家長請教如何教育孩子,分享育兒經驗。

- 職業上的技能得以更廣泛的應用,提升工作的滿足感。

- 認識來自不同背景、各行各業的家長,結交新朋友。

- 在協助學校籌辦大型活動時,接觸到不同單位,學習新的技能。例如,一個醫生媽媽,在工作上從未試過籌劃歌舞表演,但是協助過學校搞大型校慶匯演之後,會親身體會到訂場地、搞餐飲、印場刊、服裝設計、舞台設計、場務等工作,從中學懂了許多有趣又實用的技巧。

家長之間互相幫助

與其他家長保持良好關係,互相照應。我女兒幼稚園的家長,許多都很樂於助人和分享,這些年來真是多得她們的照顧和熱心,才無驚無險渡過。你可以拜託全職媽媽們,在學校接送時留意一下你孩子的表現和情緒;功課上有不明白的,或不清楚老師要求帶甚麼,或遺失了通告,也可以虛心請教。

而工作媽媽也可以禮尚往來,分享日常生活的意見,例如醫生提供醫療資訊、旅遊業家長提供酒店機票介紹、飲食業家長為聚會安排餐廳地點等。有好的親子活動、教育資源、育兒心得、價廉物美的兒

童用品，都與大家分享溝通。

更理想的是共用資源，上學、送午飯、下課後上興趣班，均盡量安排鄰居同學 carpooling（合夥使用汽車），有錢出錢、有力出力，齊心為孩子安排美好的學校生活。

家教合作

媽媽忙碌上班，卻又關心孩子功課，見他測驗成績不理想，立刻緊張起來，馬上搖電話給老師：「我兒子不小心寫錯答案，減了兩分，最終會否影響成績表上的評分？那怎麼辦？」、「他的分數這樣低，是不是追不上班上程度？要補習嗎？還是需要轉班？」

還聽説過有家長為了分數，衝上學校大吵大鬧：「我孩子寫的答案也算正確吧，為甚麼會扣分？你們要還他一個公道！」

我認為作為家長的，要相信老師的專業。如果老師沒有找你，代表孩子在學校一切正常，那就千萬不要隨便致電老師問問題。畢竟老師的工作量很大，也不好要他們在非工作時間回覆電話吧！

相反，倘若老師特地致電或約見家長，或主動在家課冊上留言，提議孩子有甚麼需要改善及注意，你就必須認真對待鄭重處理。很多時候，孩子在家和在學校表現，可以判若兩人。媽媽應該放下先入為主的觀念，仔細聆聽老師的評語和建議，努力配合，做到完全的家教合作。

相信孩子，鼓勵獨立

別為了自己要工作而不能全天候照顧孩子／參與孩子的學校生活而耿耿於懷；事實上，許多父母忙於工作的孩子，在自理能力、學習能力與情緒智商方面，相對比較成熟。即使你不用上班，也不代表會讓孩子學校生活愉快——「怪獸家長」和「直升機父母」令孩子痛苦的例子比比皆是。

正所謂「生命會自己找到出路」（Life will find its way out），相信孩子的適應能力，放手讓他們獨立成長，讓媽媽和孩子一樣，努力向夢想進發。

> 工作媽媽應盡量抽時間與學校互動、與其他家長互相合作交換「情報」，並放手讓孩子獨立成長，相信他們的能力，只要各方互相配合，便能夠掌握孩子在學校的情況。

「超級秘書」的日程表

　　媽媽們都是「超級秘書」，不單止編寫自己的日程表（schedule），而且還要製作整個家庭的時間表。這項繁複而艱辛的工作，對許多人（包括我）而言，是很大的挑戰。同時計劃着幾個人的生活，猶如「一個人過着三個人的生活」，非常充實和刺激！雖然勞累，但滿足感也是以倍數計算的。

編寫日程表

　　每個月開始之前，我都預先編好整個月份的日程表，反覆檢查，務求讓家庭成員的時間配合得天衣無縫。首先我會寫下「常規活動」，如每週學網球、到祖母家吃飯等。然後加入「特殊活動」，如到朋友家玩耍、學校測驗、去牙醫診所，以及孩子的活動接送詳情。倘若有甚麼要準備或攜帶，也註明在日程上。例如某天學校舉行「夏日派對」，便寫上「帶草帽、太陽眼鏡及沙灘用品」。日程表上要包括特別節日安排，如母親節吃飯、中秋做節、親戚生日慶祝，仔細説明時間、地點和細節。

　　編寫日程時，同時更新你的「待辦清單」（To do list），例如看電影，就立即在待辦清單內輸入「買戲票」；有生日會，就寫下「準備禮物」、「訂餐廳位子」、「安排車輛接送」等等。編寫時要認清優先項目，倘若

特殊活動跟常規活動時間重疊，就要權衡輕重，決定放棄哪一樣。

安排日程表時可運用「大石頭理論」。要將最多的石頭放進空瓶子，應該先擺放大石頭，再讓小石頭與細沙流入大石頭之間的空隙。倘若你先你入細沙碎石，就會沒有空間放大石頭了。首先把重要事情——與你的人生目標、或你家人的前途將來有關係的事情，亦即是「大石頭」，安排在清靜乾淨、不會被騷擾的時間段內；然後，在那些零碎間斷的時間，則放進「小石頭」——重要性較低的雜事小事。這樣，便可達至最高的效率和滿足感。

坊間有許多日程表軟件，方便家人在手機上互相了解日程。如果孩子年紀較大，擁有自己的手機或電腦，便可考慮使用日程表軟件。

- ✿ 選擇容許多人共用的程式，家人之間可以隨時分享日程。
- ✿ 用不同顏色，區分各家庭成員的活動。
- ✿ 可設定「即日提示」或「電郵提醒」功能，提醒重要的活動。
- ✿ 能自動同步輸入電腦、平版電腦和智能手機中的資料。

　　安排好日程表後，在每星期開始之前都跟家人和照顧者們核定翌週日程，確保各個「單位」都很清楚地了解狀況，並能根據日程表上所寫的順暢運作，不需要我再逐項提點。

建立常規之餘，要保持靈活

　　許多文章都建議媽媽們，為自己及孩子建立一個「常規生活方式」，安排孩子定時定候起床、洗澡、進餐、學習、玩耍、午睡、做功課、上街等。日復一日，年復一年，習慣了後便運作順暢，能節省精神和時間，而且讓媽媽的作息有預算，能夠計劃甚麼時間做甚麼事情。這聽起來很完美，可是大家都知道是有難度的。

　　我的兩個女兒相差兩年，雖然上同一間幼稚園，卻是一個在 A 校舍，一個在 B 校舍；待小女兒升上了 A 校舍上午班，大女兒卻要去下午班；當大女兒升上全日制小學，剛好就輪到小女兒改下午班了。因此，每逢 9 月開學，所有交通、照顧者、孩子作息時間，立即要重新

部署；如果家中有 3 個以上的小孩、或者小孩們就讀不同學校，那就更加複雜忙亂！

興趣班的編排，亦是充滿挑戰。舉個例說，明明安排了星期五上唱歌班，誰知 3 個月後升級，要改到星期三學，所以必須改動星期三的芭蕾舞班；可是星期三本是與祖母飯聚日子，於是又要跟老人家商量，變動見面的時間地點──正所謂「牽一髮而動全身」，便是這個意思。

問題是，這些升班改班的情況，幾乎每一、兩個月就發生一次，真是永遠不得安生！因此，有些位置，不需要考慮得太過長遠，寧願見步行步，靈活變通。

長假期的日程

暑假、聖誕假、農曆年假、復活節假，是香港媽媽的「四大噩夢」。為了讓精力過剩的孩子，不至於會留在家中搗亂發脾氣，或避免他們「宅」在被窩裏打遊戲機、上網、看手機，我們必須預早編排好一切課外活動。

報名假期興趣班，絕非易事。首先根據子女興趣選擇合適課程，其次是金錢的考慮，接着是地點：是否在家附近？有沒有交通工具到達？負責接送的長輩或傭人可以應付得來嗎？若有多個子女，更要仔細考慮如何配合他們不同程度的班別，盡量在同一時間來回往返。

報名要「當機立斷」。復活節一完畢就要報名暑假班，聖誕剛過就必須報名新年班，餘此類推。遲了就滿額，但若早了報名，又怕人

數太少，開不成班。

別告訴我：「放假帶孩子多到郊野戶外玩耍就是了，何需上暑期班浪費金錢？這不是怪獸父母是甚麼？」說這些話的人一定是未養過孩子吧！對於工作媽媽來說，無法 24 小時陪伴着孩子，上興趣班能夠讓孩子發洩精力，既可培養健康嗜好，又能學習跟其他小朋友相處，遠勝於「留在家裏對着四面牆壁」發呆發黴。

當然，並非強迫孩子去上不喜歡的學術班，或拼了命地栽培他們十項全能，那些家長是另一個極端。事實上，只要活動適量、並且符合孩子喜好及程度，大部分孩子都會愛上興趣班的。

> 隨着孩子長大，孩子的課外活動愈來愈多，如果有兩個或以上的孩子，一家人更需要有精確的時間安排，這時候媽媽就要擔任「超級秘書」，為家人編寫日程表，家人和照顧者們能根據日程表上所寫的順暢運作，可減省工作媽媽不少時間、負擔和憂慮呢！

請別人幫忙的好與壞

工作媽媽不能 24 小時照顧孩子，必須善用周圍的援助。不論幫助是來自丈夫、家人、保姆、朋友，其他家長或同事，都能減輕媽媽的負擔，讓她們可以抽出時間上班和生活，或純粹不讓自己包攬一切家務工作。

請人幫忙的顧慮和好處

聘請外籍家傭，要看運氣。好的家傭懂得愛護孩子，又不會遷就得他們無法無天；差一點的任得小主人頤指氣使，或不注意衛生清潔，讓他們容易生病；遇上個變態的，虐待兒童、下蠱或裝神弄鬼，那就真是抱憾終生了。

家裏有老人家幫忙，一定不需擔心孩子無人疼愛。可是長輩們十之八九都是寵孫兒的，孩子要甚麼就給甚麼；想好好管教，又礙着老人家面子，真是家家有本難唸的經。孩子們極會看眉頭眼額，懂得恃着靠山而不聽父母教訓，容易變得驕縱野蠻。

而好處方面，古人提出「易子而教」，是因為父母教子一般不夠理性客觀，每每期望過高、要求過嚴，導致孩子反叛。因此，當照顧者多過一個的時候，孩子的壓力反而會減少，能夠健康成長。

不同的照顧者，有不一樣的性格、才能和經驗，能夠給予孩子多方面的刺激和影響。媽媽一個人再努力，

也未必可以提供全面的栽培教育，若孩子受到不同大人的啟發，更容易吸收所學，得到全方位發展。

與別的家長互相幫助，例如輪流接放學、借用家傭看管小孩、安排「玩伴約會」（playdate）或到朋友家過夜（sleepover），既增加子女跟別人相處和溝通的經驗，也培養他們的獨立能力。

媽媽全程陪伴照顧，抑或是與人分擔育兒責任，其實都各有利弊。因此，當工作媽媽需要尋求協助時，只要盡力安排妥當就好了，千萬不要對孩子感到愧疚！

與家人或傭人分擔育兒任務時的注意事項

分工清晰

共同照顧小孩的最大煩惱，是各人的管教方式和期望不同。外傭限於文化差異和學識水平，長輩則在教養孩子的思想上有代溝。其中一個辦法，是在開始時說明誰負責哪些方面，既避免紛爭，亦可減輕媽媽的負擔。

例如，學業方面由爸爸負責，興趣班和社交由媽媽拿主意，飲食、作息就讓老人家決定，外傭專注於孩子日常護理和家居清潔。但是，當涉及小孩的情緒問題、品德行為，就必須由父母親自處理。

充足指示

經常保持溝通，互相協調，是合作打理家庭的先決條件。例如孩子每天的時間表，何時做功課，何時練琴，何時休息，何時去公園，要清清楚楚的寫下來，確保照顧者完全理解。

另外，有甚麼課外活動或家庭聚會，需要準備甚麼衣着或事物，都應該預早讓保姆或家人知道。最好把詳情寫在「家庭日程表」上，以免混亂和遺漏。

調節管教方式

隨着孩子長大成熟，他們的需要也日漸不同，例如作息時間、飲食習慣、自理能力會有所改變，課外活動與資訊吸收也愈來愈複雜。當他們從幼兒進入兒童時期，或從兒童逐漸步入青春期，思想和情緒的變化更大。媽媽要耐心向「各單位」解釋，讓大家懂得調節與孩子的相處方式。

小心觀察

想知道孩子與家傭是否相處融洽，不可以完全依賴傭人或老人家的描述。除了平日冷眼旁觀、留心孩子的談話內容之外，也可以從學校老師、校車司機及保姆、興趣班工作人員、同學家長等口中，了解一二。

讓孩子知道照顧者的權限

有些孩子，知道外傭或保姆是受薪於父母的，於是完全不聽她們指示，當她們的話是「耳邊風」；也有孩子會想透過爺嫲「操控」父母。朋友的小孩（4歲）受不了父親的嘮叨，對爺爺說：「爸爸會聽你話的是不是？你快叫他停止說教吧！」叫人哭笑不得。

要讓孩子清楚知道，家傭有多少的權限，去管教他們的不當行為。媽媽可以在孩子面前，與家傭討論管教方法，表示自己已經授權予外傭。

互相尊重，表達謝意

雖然老人家愛孫兒，但做家務帶小孩這些工作，對上了年紀的人來說，始終不是輕鬆的事。而家傭們縱然受薪工作，她們的付出和專業，也應受到尊重和感謝。媽媽可以不時以讚美說話和小禮物表達謝意，更需要教導孩子尊重和感恩，才能讓家庭生活持續順利。

** 注意！育兒大忌——在孩子面前爭執

香港媽媽的共同煩惱：祖母／外祖母不滿家傭照顧孩子的方式，出言指責；家傭心懷怨恨，頂撞投訴。媽媽夾在中間，裏外不是人，所有苦惱自己嚥下。

更糟的是，當孩子知道父母、祖父母、家傭之間的衝突，便會懂得利用管教上的差異去鑽漏洞，甚至挑撥是非爭端、為自己謀取最大「利益」——喜歡吃糖就吃糖，不做功課就不做功課，漠視規矩，挑戰底線。此例一開，如同覆水難收，不能回頭，從此管教的路上就荊棘滿途。因此，當父母在教訓孩子時，祖父祖母絕對不能在孩子面前「做架兩」，為孩子出頭勸架或辯解；反之亦然。

夫妻之間、僱主和外傭之間、家長和老師之間，總之當孩子頑皮，受到斥責，其他照顧者應該保持緘默、表示尊重，千萬不能插手管教，破壞大人在孩子面前的威信。有甚麼不同意的，必須待各方冷靜下來，關上門，在孩子不在場的情況下，才四四六六的說個清楚。

緊急救援

最近有位幼稚園家長，是三子之母，很年輕的，偶然發現患上初期腎癌，需要立刻做手術切除腎臟。又有另一位家長，遠在加拿大的母親急病垂危，乏人照料，她要馬上飛去幫忙，留下 5 歲和 3 歲的兩個子女在港，丈夫臨時要父兼母職。

生活上總會遇上意外和難關。當有突如其來的情況出現，例如疾病、家居問題、工作忙碌、外遊需要、長者意外、外傭辭職等，或純

粹塞車趕不及準時抵達、工作會議不能離開公司，誰能幫助你暫時照顧家庭呢？

對我來說，當有特殊情況時，我和丈夫的父母是「緊急救援」，能幫我看管／接送兩個女兒一陣子；其次就是我的小姑和妹妹；再其次就是住在同區的好友夫婦，也就是女兒們的「乾爹乾媽」。

建立一個「緊急支援系統」，知道萬一有意外事故時可以找誰幫忙，讓你工作時候更加安心，充滿自信去乘風破浪。

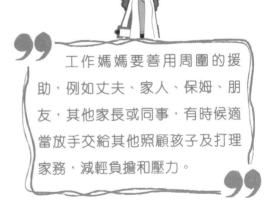

工作媽媽要善用周圍的援助，例如丈夫、家人、保姆、朋友，其他家長或同事，有時候適當放手交給其他照顧孩子及打理家務，減輕負擔和壓力。

有些媽媽出門上班，見到孩子哭得呼天搶地、慘絕人寰的模樣，心痛得不得了；工作時，整天在跟良心掙扎，不停責備自己為何要拋下孩子上班去。

事實是，當大門一關上，孩子就立刻停止哭鬧，噠噠噠的拖着腳步，跑到廚房找東西吃。你工作時心不在焉，拼命地想像孩子沒有媽媽在旁是多麼的淒涼可憐；但他卻在家裏看電視、睡午覺，快活逍遙，早已把你拋到九霄雲外。當然，他捨不得你的情緒是真的，可是沒有表現出來的那麼嚴重──孩子們都是天生的「戲子」啊！

「醫生，你說得不對！我的女兒沒有我就啼哭不斷。照顧者告訴我，女兒吃不下飯、睡不下覺，整天望着窗外等我回家。我怎能忍心去上班呢？」

我不排除有個別比較多愁善感的孩子，會為媽媽去上班而不快樂，固執地要求她留在家中。假若是這樣，做媽媽的更加要理性地處理，解決這個「分離焦慮」的問題。千萬別陪着孩子一起愁腸百結、悲春傷秋，否則只會加重孩子「想不開」、「執著」、「思想感性悲觀」的性格。這對任何人都沒有好處。

7 個方法讓孩子放心你上班

讓孩子放心你去上班工作，不用每天花大量時間上

演「生離死別」；自己辦公時亦毋須擔心孩子鬧情緒，能專注加快完成工作！可以用以下的方法：

1。向孩子解釋自己的工作

「我的辦公桌上有一台顯微鏡、一部電腦、一台錄音機。我在顯微鏡看清楚了細胞後，就會錄下病理報告；電腦是用來查閱病人資料和寫郵件的。此外，我還要接很多醫生查詢報告的電話。有時候，我要解剖屍體，找尋確實死因。」

除了讓孩子知道你的職業是醫生、護士、律師、老師、設計師、商人、管理等，你還可以仔細地描述上班的細節，甚至告訴他們，午餐通常吃甚麼、跟誰吃、同事們叫甚麼名字、各人負責甚麼職責等，讓他們在腦內形成一個具體鮮明的印象。

2。為甚麼媽媽要上班

「因為工作可以得到薪金。爸爸和我掙到的錢，要用來付房租、買食物、衣服和日用品，還有付你的學費和買文具書本。」

「做醫生可以幫助病人，媽媽從小努力讀書，學到的知識用來回饋社會。如果有了小孩就不做醫生，那麼世界上就不夠醫生了，你生病時怎樣辦呢？」

「上班是很開心的，可以跟很棒的人一起工作，幫到病人的時候又有滿足感。」

如果孩子問，為甚麼有些同學的媽媽不用去上班，你可以解釋：「一

些媽媽留在家裏，也是需要工作的，比如洗衣服、打掃房間、煮三餐等，還要買家居用品、處理家庭財政，跟上班一樣忙碌呢，並不是每一分鐘都陪孩子玩。正如你們小朋友的責任是上學學習，大人們也有各自的責任。」

3．每天清楚說明上班下班時間，交代去處

「媽媽今天下午要開會，所以晚一點下班，大概要 8 時才回到家；如果你之前乖乖的做好功課練好琴，我們還來得及說床邊故事……不要不高興吧！明天是星期三，我會早點下班，先帶你去公園玩一句鐘，再回家一起吃飯，就這樣決定。」

盡量讓孩子有心理準備，不會苦苦盼望你回來的時候，卻因為你要開會而大失所望。當他一早知道你會遲回家，便自動調節心情，甚至懂得為自己安排消遣。

4．要正式道別，不要偷偷溜走

專家說，趁孩子不留意時偷偷溜走是最壞的，會讓他們更沒安全感，變得疑神疑鬼，睡覺都會醒過來找你。我則覺得，天天偷跑去上班，欺騙手段似的，好像低估了孩子的智慧，太不尊重了。

無論他們怎樣哭鬧撒嬌抗議，你都必須「溫和而堅定」地告訴孩子：「媽媽現在必須出去上班」。（重要的東西多說一次：態度必須是「溫和而堅定」，絕對不能被孩子影響自己的情緒，也不可動搖決心。）並且，說話要算數，在約定的時間回家，出現在他面前。

5。帶孩子參觀你的辦公室

我的小女兒最纏人，對我離家上班常有異議，但自從她參觀過我的工作地方以後，態度就有所改變了。平日醫院忙碌，當然不可以帶小孩去搗亂，只是有一次，晚上需要回去做「急凍切片」，剛巧帶着小女兒，便索性讓她看看我的部門，向她介紹我的同事。平日只聽到大人嚷着「我們工作很辛苦」，現在讓她體會媽媽平日上班是怎樣的。（這跟丈夫讓妻子參觀工作地方，教她不要疑神疑鬼，不是差不多嗎？）

小女兒對我的顯微鏡很有興趣，還假裝自己懂得看顯微鏡，揚言將來也要做病理科醫生，逢人便吹噓：「我跟媽媽一起上班工作呢！」當孩子了解你愈多，便有更多共通的話題，拉近親子距離。

6。談談將來做甚麼

幼稚園開始已經教「我的志願」，都是醫生護士警察消防員之類，50 年不變。其實，家長應該向孩子介紹更多不同種類的職業，包括藝術創作、企業管理、銷售、政治、金融、公關、社會服務等等；甚至是近代衍生的工種，如電腦程式設計、電子競技、網絡紅人、數碼營銷等等。讓他們對「投身社會」有個概念和期待，知道自己有天也會擁有職業和角色，就會較容易接受媽媽去上班工作了。

7。情緒故事書

家中有本故事書叫《我想念你》，教導幼兒如何面對分離焦慮，解釋為何父母要離家上班。當孩子掛念父母時，書中提出許多消磨時光的實在方法；例如，孩子可以抱着小毛毯或布偶、看書、畫畫送給

大人、跟保姆玩耍、與托兒所的朋友遊戲等。故事最後亦指出：「父母一定會回來身邊」。善用這類書籍，的確可以幫家長很大的忙。

> 媽媽每天要離開孩子外出工作，可能都會捨不得對方，但只要理性地處理，例如多向孩子解釋和介紹自己的工作，讓他們知道你每天的去向和回家時間，就能讓孩子感到安心，解決「分離焦慮」問題。

時間管理策略：
工作

在家陪伴小寶貝時，想着是「工作的假期」；在公司拼搏努力時，想着是「家務的假期」。這才是工作媽媽的正確生活態度。

工作媽媽會發牢騷：「上班好勞累啊！又要照顧客戶，又要應付老闆；工作愈來愈多，人事愈來愈複雜，真是要命。」然後轉頭又暗暗偷笑：「可是比起留在家裏照顧孩子，上班簡直是享受了。」、「週末週日，才是全星期中最勞累的。現在好期待星期一的來臨！」

在家陪伴小寶貝時，想着這是「工作的假期」，好好享受天倫之樂；在公司拼搏努力時，想着這是「家務／育兒的假期」，全心全意享受職場上披荊斬棘的快感！這才是工作媽媽的正確生活態度。

想通了這一點，就能以最佳的心情，去迎接每一天的工作。

兼職：「質」vs「量」

無論多忙，也不能降低工作質素

單身時期，年輕力壯，又不用趕着回家陪伴家人，要加班就加班，要進修就進修。到了現在，精力大不如前，加上家裏有幼兒等着照顧，臨近下班就開始心不在焉。「剩下來的工作，留待明天才做吧？」、「我趕着回家，這些工作不如交給同事？」、「實在很晚了，兒子等我講故事，惟有馬馬虎虎做完，得過且過。」

以上這種心態斷然不正確！作為職場的一份子，收得薪酬，就應該提供相等的服務，絕不能因為家庭原因，而降低工作的質素。

尤其到了做媽媽的年紀，一般已經是資歷較深的高級員工，甚至是主管級別，底下有一群下屬及學徒，除了運用本身的經驗、專業和人脈外，還要兼顧公司的發展與政策方向。倘若工作態度懶散，怎能勝任職位呢？又怎樣給年輕的同事作榜樣呢？

質素不能降低，就惟有降低工作量

許多媽媽會選擇由全職轉做兼職，收入銳減，升職機會渺茫，卻換來時間和精力給孩子。我在大女兒四歲時，也轉做兼職，由一星期工作 6 天改為 4 天，上班時間亦較彈性，但工作質素不變，仍然是盡心盡力，為病人提供最好服務。

不是人人都像我般好運，可以找到適合自己的兼職工作，此時惟有理性地作出取捨：該放棄些甚麼？減少客戶數量，少賺一點錢？放棄接受額外的名譽、退出公司某些委員會，不追求在短期內升職？延遲出外進修的計劃？這些是生孩子要作出的犧牲，但相信每個母親都會認為是值得的。

彈性上班時間

對於工作媽媽來說，彈性的上班時間，有時候比「減少上班時間」更加重要！

增加陪伴孩子的機會

遲一小時上班（也相應遲一小時下班），就可以天天送孩子上學，既增添優質的親子時間，又能跟老師溝通，了解孩子的學習進度。或者，選擇早上及晚上工作，將中午劃為自由時間，那就可以接孩子放學、吃午飯、逛街和運動，享受親子樂。

節省交通時間

一般的上下班時間，交通緩慢而擠塞，把大量精力和時光都花在交通上，是多麼不值得！採用彈性上班，可以提早（或延遲）上下班的時間，避過水洩不通的街道，便省下許多時間。

星期六上班有好處

週末的街頭永遠人頭湧湧，吃個午飯或下午茶都要排隊一小時，珍貴的親子時間，就如此埋沒在如潮人流熙熙攘攘裏頭了。交通方面更糟糕，三條過海隧道，全日都水洩不通；滿街都是「假日司機」，交通意外頻生，氣得人七孔生煙。

與其這樣，不如選擇在星期六上班，反而空出一天平日（weekday），享受暢順的交通，又可去銀行、郵局，更方便接送孩子上學放學、與老師和其他家長見面交流；吃飯無需排隊，或跟別人擠迫，輕鬆自在。

星期六不陪孩子，那麼孩子怎麼辦？你可以：

✿ 要求孩子做完所有功課、完成複習，星期日便能整天玩得盡興。

✿ 幫孩子報名興趣班。大部分教育機構，都把興趣班集中安排在週末，選擇特別多，絕對足夠讓孩子渡過有趣又有建設性的星期六早上，待媽媽黃昏下班，就能享受親子時間了。

✿ 將星期六劃為「爸爸親子時間」。在媽媽不在場的情況下，讓爸爸親自照顧孩子，父女／父子關係會一日千里。

與你的上司／生意拍檔商量

如果情況許可，你應該跟上司商量「彈性上班時間」或「由全職轉做兼職」的可能性。

哈佛商學院曾作出統計研究，訪問了一批兼職專業人士，當中八成是女性，大部分是因為養兒育女才會選擇兼職。雖然她們兼顧家庭與工作，可是事業都非常成功。到底箇中秘訣是甚麼呢？研究人員歸納了下列一些要點：

能與公司協調工作和時間安排

公司／組織能夠了解她們工作與生活的優先次序、時間表及未來的計劃，攜手規劃彼此都滿意的工作方式，並會設立規矩與限制，以保障她們的「工作時間」；同樣地，也建立慣例保障「家庭時間」。

兼職或彈性上班，可能產生一些模稜兩可的狀況，讓自己或同事不知道如何界定工作範圍和時間；因此，必須設法減少這種曖昧不清的情形。她們會向上司提出周詳的計劃，包括工作時段、範疇、不用上班日子的安排、聯絡方法、薪酬計算等。倘若找到另一個也想做兼職的人選，就先談好兩人之間的分工安排，然後再尋求上司的批准。

不過從研究發現，許多公司覺得兼職人士選擇甚麼時段上班無所謂，反而能夠固定一個時段比較重要。另外，如果工作量比別人少，要求的薪酬要在合理水平。

以業績證明能力，又能在公司建立存在感

通常成功的兼職者，過往都有優異的工作紀錄和經驗，早就抓到工作的竅門，不但學會公司／行業的規矩，而且還駕輕就熟，才能順利轉為兼職。她們又會以業績來證明，兼職（或彈性上班）的安排，不但不會對業務不利，反而會有好處，並讓管理層和同事們看到，自己雖然是兼職，但仍然是公司內不可或缺的角色，能作出別人不能替代的貢獻。

除此之外，即使她們不是經常身處辦公室，也讓別人感覺到自己的存在感。例如上班的日子會參與同事午餐，與別人八卦一下，保持活躍的人際關係；不在公司時，會發語音訊息給同事。同時，她們能隨時安排自己的工作，也會注意自己不在公司時的工作流程。當然，在管理高層中培植靠山，亦有助保護她們不受到質疑。

> 工作媽媽想有更多時間照顧孩子，又不想放棄事業，可以考慮將全職工作轉為兼職或彈性上班時間，只要能與公司協調好工作和時間安排，就能兼顧事業發展和照料孩子了。

參考資料

Corwin V1, Lawrence TB, Frost PJ. *Five Strategies of Successful Part-Time Work*. Harv Bus Rev. 2001 Jul-Aug;79(7):121-7, 146.

朝九晚五的工作很適合媽媽，時間固定，家人容易配合，孩子亦知道自己該有甚麼期望。倘若週一至五之中，能夠有半天至一天休息，那就更好，方便接送小孩，或去銀行處理事務。

自由上班時間也不錯，幼稚園有位家長，是位設計師，早上送完女兒上學後，回辦公室上班；中午接女兒放學，陪伴她直至晚飯時間，之後再回去工作至晚上 12 時。這樣的安排，既保持工作量，同時將陪伴孩子的時間最大化。工作地點，最好與家居或孩子學校相近，減省往返時間，節省交通費用。

而經常到外國出差，或需要極長又不穩定的工作時間，如廣告行銷類、公關活動類，就可能不太理想了。因為幼兒需要每天接觸父母，以建立安全感。

「Work from home」 vs. 「Work at home」

為了方便打理家務，不少媽媽都希望「在家工作」，所謂的 Work from home，或 Work at home。驟眼看來好像一樣，其實當中是有些許差異的。

Work from home

意思是「從家裏工作」，或「以家為據點，幫公司

完成工作」。本來應該在辦公室做的工作，現在改為讓你「從」家裏處理；只有外出見客或簽約時，或有必須親自交收的機密文件，才需要離家出門。

有些專業，可以 Work from home（從家裏工作），例如：某些事務律師、會計、設計師、翻譯、插畫家、工程師、財務分析師、資訊科技專家及顧問等。

Work from home 有好處也有壞處，根據不同家庭的情況而定。

Work at home

意思是「在家工作」，家就是你的辦公室，沒有「幫公司做事」的意義在內，外邊也未必另有基地；通常指的是自僱人士、自行創業者。隨着網路的發達，有愈來愈多媽媽在家中建立事業。以下是一些例子：

網路買賣：我有位朋友擅長打扮，辭去律師的工作後，經營網上時裝店，為顧客（尤其是媽媽級的女性）提供流行服飾。也有朋友代理護膚品和養生保健產品，她自己就是「生招牌」，美麗得像個明星。更有人照顧孩子成了專家，四處搜羅最好的嬰幼兒用品和食品，放在網上拍賣。

寫作 / 博客 / Youtuber：會寫作的媽媽，可以撰寫育兒專欄、書籍和博客，或寫關於自己擅長的領域，例如煮食、投資理財、打扮、運動等等，分享經驗心得之餘，又能賺取稿費、廣告費和名氣。會拍攝的媽媽，還可以錄製有趣短片，分享育兒和生活瑣事，亦能當作是自

己的日記，將來老了回顧更有感覺。

私家廚房：有位媽媽朋友，每天為孩子準備午餐讓他帶回學校，不僅營養豐富，味道亦大受同學讚賞。於是別的家長陸續委託她替自己的孩子做午飯，甚至幫家長們製作湯水和晚飯餸菜，漸漸發展成一門收入可觀的小生意。

幼兒託管：Sarah 愛心爆棚，喜歡照顧幼兒，即使自己的孩子長大了，仍特地去修讀「陪月」課程，替朋友看管嬰孩，讓其他年輕媽媽可以安心上班。

補習：Tiffany 原是全職家庭主婦，非常着重兩個孩子的學業，將他們教得成績卓越、年年考第一名，很多朋友家長都慕名請教。反正她素來精研小學各科範圍，又有現成的舊試卷，於是索性在家裏搞小型補習班，協助其他孩子提高學業成績。

孩子的經理人：Jaqi 的一對 7 歲孖生女兒，天生麗質，叫人一見難忘，同時亦活潑外向、喜歡參與演藝活動，於是 Jaqi 全力替女兒們安排模特兒事業。為了她們的訓練和宣傳，Jaqi 放棄個人事業與安穩的生活，全情投入，帶着孩子飛遍全美國，尋找合適的廣告和拍攝工作。這對女孩，就是被譽為「全球最美麗孖生姊妹」的 The Clements Twins。

雖然有「道德之士」批評，母親不應該利用兒女賺錢，可是我想，倘若孩子是真正有天份和興趣，就不應埋沒才華。世上多少天才兒童，因為家庭資源有限，或因為父母不認同他們的天份、食古不化地覺得

「孩子應該過普普通通的童年」，而不得以發揮天賦，默默被埋沒！

我認為 The Clements Twins 十分幸運，有一個懂得栽培女兒的母親，願意盡心費力去成全孩子。

注意事項

不管你是在公司上班，還是在／從家工作的媽媽，在安排事業時都要注意以下幾點：

對薪酬有合理期望	☺ 當你需要同時兼顧家庭和工作，未必能像年輕時全心全意為公司打拼，薪酬自然未必會太高，為了孩子，只能有所取捨。
規劃你的事業發展方向	☺ 做一份工作時，別忘了想想：下一條路是甚麼？當孩子逐漸長大、上了小學中學，照顧的需求減低，那時候你就可以放手去追求了。
小心騙子，別貪小便宜	☺ 網上經常有騙徒，聲稱主婦們甚麼也不用做，只要按按手機電腦就能賺錢，其實都是陷阱，以收取入場費／投資金額等手法騙錢，甚至會令事主牽涉犯罪活動。天下沒有不勞而獲的事，大家千萬別上當啊！

身為工作女性，目標是做好崗位上的責任，並不斷提升自己。傳統管理學認為，將「時間」和「精力」最大化，就能得到生產力。但《最有生產力的一年》這本書的作者，卻認為人的生產力包含三個要素：「時間」、「精力」以及「專注力」。

生產力 = 時間 x 精力 x 專注力

一心多用、被外界事物分心、長時間工作、工作次序安排不善……當「專注力」被分散，即使用兩倍的時間，都不見得能夠補回生產力上的損失。反之，當專注力充足，大部分事情只需要很短的時間就能完成。因此，提升專注力，便成為增加時間的關鍵。

7 個方法，提升工作專注力

1。每 30-60 分鐘小休 5 分鐘

人的專注力是有限的，一般來說是 30 分鐘，有些人可以連續專注近兩小時，有些人只能維持 15 分鐘。因此，建議那些坐在寫字桌前、使用腦力工作的人，每做 30-60 分鐘，就小休 5 分鐘，讓頭腦清醒一下。

像我做病理科醫生，長期坐在顯微鏡和電腦面前，需要極高的專注力。我通常處理 5-8 個簡單個案，或一兩個複雜個案之後，就會離開座位，喝杯水，跟同事聊

幾句，收拾一下桌面，塗唇膏，吃塊巧克力，甚至純粹走到遠一點的垃圾桶扔垃圾。

只需要短短 5 分鐘的放鬆，就能夠重新集中精神。即使心裏很想一鼓作氣完成所有工作，也應該理性地強迫自己停下來，保存實力，休養生息。但注意不要離開座位太久，否則就要多花時間收拾心情。

2。調整工作環境

工作環境，必須符合作業流程，讓過程流程快速，便可以節省時間。例如，我寫癌症的病理報告時，經常需要翻書確定是第幾期，可是身體各部位與器官的分期方法都不同，於是我將其中幾種常見癌症的病理分期準則（staging criteria）複印，如肺癌、腸癌、胃癌、甲狀腺癌等，貼在四周牆壁，這樣便不用每次都花時間翻書了。

常用的筆和文具，要放在容易拿到的位置；不常用的工具，必須放得遠遠的或放在抽屜內，以防阻礙擺放重要的紙筆。妥善使用桌面收納工具，事半功倍。

坐位要合符健康姿勢，否則腰痠頭痛，更拖慢了工作的節奏。有時候，一個坐墊、軟枕或腳踏，已經能夠大大改善情況。

小風扇令空氣流通，桌燈讓光線充足，披肩、暖水壺幫助抵抗過強的空調，藍光眼鏡減低看屏幕造成的眼睛疲勞，這些都是提高效率的必要措施。

3。減少外部干擾

別經常看手機：專心致志的時候，突然被來電打斷，之後很難恢復效率。因此，在專注工作的 30-60 分鐘內，將手機調校至靜音模式，拒絕檢查電郵和訊息，直至小休的時候才看手機。

避開愛閒聊的同事：工作間總是有特別健談的人，喜歡隨時逗人說話，不管別人是否正在忙着。對於我這種不擅長應付對話的人來說，閒聊交際之後，需要許多時間才能收拾心情，調節回工作模式。可是，禮貌上卻又不能對同事不瞅不睬。於是我只能採取以下措施，都是些笨法子，倘若你們有更好的方法，請告訴我：

✿ 當預測或感覺到健談同事要走過來時，自己先起來上廁所。

✿ 將手機握在手中。當同事喋喋不休、不知要說到何年何月時，裝作手機震動有來電，說句「不好意思」，以扮接電話來停止閒聊。

✿ 趁健談同事走開跟別的同事閒談時，把握機會趕快地做。

✿ 邀請所有路過的同事加入聊天，然後在人多七口八舌時悄悄溜開，繼續工作。

4。不要一心二用

香港人節奏急促，擅長一心多用，同時進行兩樣以上的工作，我年輕時曾經也為此而自豪。然而年紀愈大，處理的事情愈來愈繁複，需要專心一意才能迅速完成，尤其是撰寫病理報告時，multitasking 更有弄錯病人的風險。因此我必須控制自己的焦急，盡量每次只集中看一個病人的檔案。

同時進行幾個項目，有時候效率反而降低，也容易因為不專心而出錯，而修正過錯需要更多時間，反而拖垮工作的進度。

5。善用時間思考

搭車上班，排隊等電梯，等買咖啡……利用這些「大腦空閒」的時間，先檢視當天的「待辦清單」，排列好先後次序；將要寫的電郵內容、要演講的說話，在心中默想一遍。這樣，一進公司就已經調節好心情，能夠立刻進入工作模式。

6。妥善安排工作次序

該如何安排工作次序，才能更專注呢？有些人認為按照重要性的先後，順序排列；有些人會先處理較緊急的事項，期限未到的留待最後；有些人需要先完成幾項容易的工作，或是自己有興趣的任務，獲取滿足感後，才有心情挑戰較難的項目；有些人愛先做最艱難費時的，剩下的零散時間，才做瑣碎事務；有些人上午頭腦清醒，專處理需要腦筋急速轉動的東西；有些人卻是下午工作效率比較高，早上未睡醒的時候只做簡單的工作。

我認為，次序安排是因人而異，沒有一套特定的公式。可以肯定的是，正確的排列有助提高專注力，也幫助時間管理。例如我上班，早上通常先做會影響別人的工作，先儘快將病理報告的錄音做好，好讓秘書能替我打印出來；預訂免疫組織化學染色法，讓化驗室同事有充足時間準備；同時趕快回覆醫生們的查詢，讓他們能及早與病人溝通商量治療方法。

下午的時間，就做一些不太急但需要專心的工作，像是為較困難複雜的案件翻書上網搜尋資料、替特別的病例拍下顯微鏡照片及諮詢專家、跟進癌症病例的免疫化驗及分子病理的檢查結果、準備醫學演講的簡報等等。

另外，也可以依照性質分類工作。將相同性質的工作放在一起做，可以減少重複前置工作的時間。舉例來說，朋友從事攝製工作，會將幾個客戶的影片，集中一次過處理配樂、字幕等方面，節省重複的工序和儀器操作。

7。暫時忘記家庭的事

許多人常常在做 A 事情的時候，心裏想着 B 事情；在應該做 B 事情的時候，卻滿腦子想着 C 事情。

作為母親，當正在上班工作時，腦裏卻不時浮現：「噢，我忘了在兒子的通告上簽名。」、「寶寶該打預防針了，還要替大女兒預約牙齒檢查⋯⋯」、「孩子過兩天要默書，有個字她總是拼得不對。」、「丈夫的朋友星期五晚上過來吃飯，我得去一趟超市。」

雖然你仍能夠完成公司的工作，可是當腦子同時想着公司和家庭的事，壓力和疲憊卻是雙倍的，容易引起緊張、匆忙和焦慮的情緒，無緣故消耗了大量的生產力。

「做甚麼事時想甚麼事」，是忙碌人的工作法則。把注意力集中在眼前發生的事，「活在當下」，這才是健康的思想習慣。

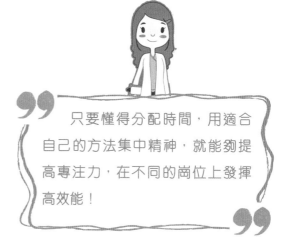

只要懂得分配時間，用適合自己的方法集中精神，就能夠提高專注力，在不同的崗位上發揮高效能！

先搞清楚自己的狀況

　　一天工作，到了某個瓶頸位，心神不能專注，磨蹭了半小時都沒有絲毫進展；或者心情突然暴躁，語氣不友善；或發覺自己心情低落，沒有拼勁……這個時候，先停下來，問自己以下 4 個問題：

- ☺ 是否倦睏？
- ☺ 是否肚餓？
- ☺ 是否覺得冷 / 熱？
- ☺ 是否身體不適（包括月經問題）？

　　許多人沒想到，以上的 4 點，原來是八成心情低落的原因！其實，它們都是很容易解決的問題。即使它們不是你難過的原因，只要照顧好以上幾點，心情已經大有改善，給你力量去解決真正的煩惱源頭（例如人際關係、財政困難等）。

辦公室必備的減壓恩物

減壓食物

　　巧克力：巧克力的原料可可豆，含有抑制憂鬱及產生興奮的物質，以及一種戀愛時腦內分泌的「快樂荷爾

蒙」——苯乙胺（Phenylethylamine）。在辦公桌抽屜內放些巧克力，以備不時之需。建議選擇黑巧克力，因為含有較高的可可量。

花茶：有些花茶能助人舒緩緊張情緒，或者加強專注力。而且材料大多天然，性質溫和，不像咖啡般傷身，卡路里含量也不高。個人最喜歡玫瑰花茶，氣味沃香，有明顯的鎮靜、安撫、抗抑鬱功效，也能調經止痛。三朵玫瑰、兩顆菊花，加幾片花旗參，熱水沖成一杯，清熱寧神，解鬱忘憂。其他如薰衣草茶、桂圓、金桔、雪梨、合歡花、洋金菊等，均有類似作用。

減壓用品

減壓球：可使勁捏拉、扭轉、擠壓，用以紓緩急性壓力，或發洩怒氣。市面上有無數趣怪款式，包括公仔臉、葡萄球、菠蘿包、毛蟲、各種球類等，總能找到適合自己的設計。

清新噴霧：帶有香味的化妝水，裝在噴壺裏，當工作到昏天黑地的時候往臉上一噴，不但令人精神一振，還能替已經乾涸的妝容補補水，保持滋潤。

平底鞋：辦公室內放雙平底鞋或拖鞋，好讓自己能間中把高跟鞋脫掉，給雙腳放鬆一下。

大自然的照片：海洋、森林、沙漠、冰川、野生動物、昆蟲、雀鳥、花卉……將這些令人看到就舒暢放鬆的照片或海報，掛在辦公地點的當眼之處，能夠令人彷如置身海外，短暫逃離現實煩囂。或者栽種小盆栽，美化辦公室，讓心情變好，還可以舒緩眼睛疲勞。

拉筋及穴位減壓

毛巾（拉筋用）：上班打文件、開會久坐、低頭按電話；下班拿重物、抱孩子、彎腰照顧子女和做家務，兼且到了一定年紀，你我都免不了腰背疼痛、肌肉繃緊。適當的伸展拉筋運動，配合深呼吸，能夠訓練肌力、鬆弛筋絡，令原本疲憊不堪的你頓時精神爽朗！而毛巾是拉扯背部肌肉的好幫手。

按穴筆：頭痛有許多成因，最常見是頸肌僵硬，由不良坐姿引起，例如側頭側身，或是曲着背脊看電話、埋首電腦前等；工作壓力和緊張情緒，也會導致頸梗膊痛。向中醫請教，找出治療頭痛的穴位，像頭頂、耳旁、後頸及手掌上的各穴道，在有需要的時候按按減壓。

在意事項清單

當生活和工作壓力千頭萬緒，令我喘不過氣時，我會拿出一張紙（是一張紙，不是手機或電腦）。

先用藍色原子筆，在紙的左邊寫一列「近來讓我感恩的事」。

然後用黑筆，在右邊寫一列「近來讓我感到壓力的事」。這些事情可以很大（例如親人生病要做手術），也可以很小（例如舊衣服需要棄置、安排下次老朋友聚會）。

接着，我用紅筆，在旁邊寫上解決辦法，或暫時應該抱持的態度，例如：「耐心等待檢驗結果」、「可以延至下個月才做」、「先約好日子才訂地點節目」。

寫的時候，要像個旁觀者般，用理性的態度和 common sense，簡單而直接。然後，寫下日期，放進錢包或手袋。我不時會從手袋取出這張紙，讀一讀紅字，提醒自己解決各種問題的大方向；然後讀一讀左邊的藍字，提醒自己值得快樂的事。過了不久，就會發現黑色列的問題會愈來愈少，慢慢地消失。

　　有些雞毛蒜皮的小事，可能覺得不值得寫下來，例如桌子亂七八糟、未回覆郵件、要為家傭買新床單、孩子需要新 T 恤、安排與補習老師會面等。可是當許多小事不知不覺堆積起來，會形成一股不可小覷的壓力，奪走超乎想像的能量和專注力，因此也要當作正事處理。當完成了幾件小任務，一口氣在長長的清單上劃走幾項，是非常有治癒感的，登時感覺輕鬆很多。

　　工作媽媽要兼顧工作和家庭，難免有不少壓力，只要找到適合自己的減壓方法，例如享用減壓食物、使用減壓用品，就能夠改善心情，得到力量解決煩惱。

聰明飲食，提升效率

研究顯示，適當的飲食習慣，有助平穩情緒，提升工作媽媽的專注力，大家不妨試試看吧！

低 GI 食物

GI，即是 Glycemic Index，中文譯作「升糖指數」，用來量度食物中的糖份、對血糖量的影響。

高 GI 的食物，如白米、白麵包、馬鈴薯，在消化過程中迅速分解，令血液中的「葡萄糖」立刻提升。葡萄糖是腦部的能量來源，因此進食後，短時間內會令大腦專注活躍。可是血糖升得快也跌得快，在血糖急降時，身體會分泌大量「腎上腺素」（adrenaline），令人緊張、焦慮、難以集中精神，脾氣也會變得暴躁。

低 GI 的食物，如糙米、燕麥、藜麥、蘋果，釋放葡萄糖的速度緩慢，為大腦提供穩定的能量來源，這就是提升專注力的基本用餐原則。

早餐與餐間點心

早餐非吃不可。世界各地的大學研究，證明吃早餐可以提升工作表現、增強記憶力、學業成績進步、情緒穩定心情暢快等等。因此，低 GI 的早餐，有助工作媽媽迎接每天的新挑戰！

早、午、晚三餐之間，血糖水平逐漸下降，影響專注力。因此，多倫多大學曾發表研究報告，並建議在早餐後 2 小時、午餐後 2-3 小時，吃小量點心，維持血糖穩定，提升工作效率。

「餐間點心」最好是非油炸、沒有添加鹽和糖的堅果，如花生、榛子、腰果、核桃、杏仁果、長山核桃、南瓜籽或葵花籽等。不僅碳水化合物含量低、蛋白質豐富，而且還擁有能夠抗抑鬱、提高專注力的鋅、Omega-3 脂肪酸、葉酸、維他命 E 和 B_6 等營養。

一杯水

英國的大學曾進行有關水和專注力的實驗，證實進行智力測試之前先喝足夠的水，反應時間快了 14%。亦有數據顯示，英國學業成績優秀的學童，每天至少喝八杯水。當身體喪失 2% 水份時，專注力會迅速下降。因此，當你工作中途覺得心不在焉、無法思考的時候，喝一杯水，說不定會有所改善。

咖啡和能量飲品的正確喝法

除了咖啡，可樂、巧克力、許多茶類，以及一些標榜提升能量的飲料，都含有咖啡因。咖啡因可以令人保持清醒約 3-5 小時，短時間內增強集中力，但同時也會導致神經過敏、頭痛、腸胃不適、心跳加速、失眠等。

世界衛生組織制訂的咖啡因攝取量，一天上限為 300 毫克，倘若長期攝取，容易產生耐受性（tolerance），會愈喝愈頻繁。如非必要，切勿天天飲用。

有些研究指出，咖啡因於飲用後 30 分鐘開始見效，飲用 3 小時後達到頂峰，而第 4 小時後就開始消退。因此，可以在「預計自己將會睏倦」前半小時休息一下、喝杯咖啡，之後就精神飽滿地繼續工作。

也有數據顯示，剛剛起床時（7:30am）人體皮質醇分泌較多，喝咖啡效用不大，身體甚至會對咖啡因產生抵抗力。皮質醇在 9:30am 至 11:30am 這段時間開始下降，咖啡的提神效果才會特別明顯。

無論如何，睡覺前 5 小時不應攝取咖啡因，否則會影響睡眠素質，導致翌日精神不振。

遠離「三高」，少吃「食品添加劑」

高油脂堵塞血管，讓頭腦變得遲鈍；高鹽份使血壓上升，造成情緒繃緊；高糖份使血糖驟升驟降，激發腎上腺素分泌。

因此，少吃巧克力、蛋糕、冰淇淋、炸雞、薯條這些「三高」食物（高油、高鹽、高糖），長期有助維持頭腦清醒，身心康泰。

某些食物添加劑和食用色素，已被證實能引起過度活躍、情緒過敏以及專注力不足。所有加工食品，如火腿、香腸、午餐肉、糖果及大部分甜品，都含有各種食品添加劑。所以，盡量吃全天然食物（whole food），能減少吸收這些傷害腦部的有害物質。

戒睡前飲食

我明白，夜闌人靜之時，煮個熱騰騰的「邪惡餐肉雙蛋即食麵」，的確十分誘人。然而，即使撇除肥胖的惡果，睡前兩小時吃東西，還會增加消化系統的負擔，使睡眠質素不知不覺地變差，翌日做事缺乏精力。

作為忙碌的工作媽媽，實在不能再像少女時期般任性妄為啊！

> 工作媽媽想提升專注力，只要改善飲食習慣，就能有助平穩情緒及保持身體健康，在工作和家庭中做到最好！

在家工作非易事！

很多人以為，home working 代表沒有固定工作時間，賺錢建立事業之餘，又可陪伴兒女成長。事實上，由於沒有公司的規範，工作安排自由度很高，媽媽必須要有比常人強幾倍的自律性和意志力，才可以讓事情按時間表進行！

而 home working 最大的挑戰，就是來自孩子們永無間斷的騷擾。打開電腦，鍵盤才敲沒兩下，孩子就走過來：「媽媽，我不懂做功課。」、「媽媽，弟弟搶我玩具。」、「媽媽，這個是甚麼字？」、「媽媽，你幫我打開瓶子。」、「媽媽⋯⋯」。

以為替他們準備了玩具和影碟，就可以一勞永逸、專心工作？孩子才不會這樣輕易放過你呢！玩具操作卡住了，哭着要你處理；不懂轉電視機的頻道，要你幫忙；玩到有趣之處，扯着你來參與觀賞評論⋯⋯

跟客戶在電話或以視訊討論細節，背景盡是孩子玩得興奮的尖叫、或爭吵撒嬌的哭鬧。即使躲進廁所，孩子也會每分鐘來拍門叫你，令你既不能專心公事，又感到萬分尷尬。

檢查功課、準備零食、換衣服、收拾房間、開關電視、伴讀、陪玩⋯⋯感覺上，似乎都不是甚麼麻煩大事，但你就像轉不停的陀螺，穿梭在公事及孩子之間，一眨

眼，發現幾個小時很快就過去了，混身疲倦不堪，工作上的進度部幾乎是零。

雖然說，可以趁孩子上學或睡覺的時間趕緊完成工作。但實情是，孩子「上學」、「吃飯」、「上興趣班」、「午睡」這些時段很不經用，轉眼即逝，根本不足以完成許多工作。相信很多媽媽都有這種感覺。

在家工作的媽媽都是「超人中的超人」，叫我佩服得五體投地！

在家工作，情緒上或會有以下的掙扎

- ☺ 明明知道孩子很想你陪伴，卻必須狠下心腸忽視他的哀求、擺脫他的纏繞，於是極度厭惡這樣的自己，抱着無限愧疚的心情痛苦地工作。

- ☺ 由於不用離家上班，家人和外人覺得你與「全職媽媽」分別不大，對育兒要求就特別高，給予你無比的壓力。

雖然我不是「在家工作媽媽」，但有些時候，也需要在家裏處理醫院工作，或給報章專欄撰稿，或寫小說，或為校友會的活動忙碌，因此經常體驗到上文提及的各種煩惱。

幸運地，我認識許多能夠完美地兼顧 home working、家務和照顧孩子的優秀女士。以下是她們給我的建議。

訂下規則，讓孩子明白媽媽要專注工作

媽媽要清楚讓孩子知道，當你工作的時候需要全神貫注，不應該被騷擾。儘早教曉孩子時間觀念，學會看時鐘，讓他們了解「一小時後才能陪他們玩」、「媽媽要講電話，由現在開始安靜 30 分鐘」、「45 分鐘內要吃完午餐」的含義。另外可自設書房或工作角落，嚴禁孩子、孩子的物件或家事入侵此處。

工作前，先認真地陪伴孩子玩耍看書，滿足了他們的心靈需要。千萬不要「扮陪孩子」，邊陪伴邊講電話，這樣他們是不會輕易放過你的，而你自己也永遠無法安靜專注地工作。

如真的沒有時間陪伴孩子，可預先安排好小孩在家的活動，讓他們沒空理你。（請參照第一章的「安排精彩活動，不再老黏着媽媽」。）

在家工作的好處，是能夠自由運用時間，只要把握這個優勢，妥善安排工作和家事的優先次序，設計精準的時間表，就可以達至最大的成效！首先，摸清楚孩子吃飯睡覺玩樂的時間，制定規律，然後依此安排你的工作行程，時間到了該做甚麼就做甚麼。例如小孩自己在吃飯時，你收拾文件用具；他們做功課時，你在旁邊讀報或寫文件；他們睡着時，你聚精會神地回覆電郵訊息。

打造舒適的工作環境

如果嬰兒無法入睡，可以用揹帶（符合人體力學的）揹着他／她，一邊對着電腦工作（站在可升降的桌子前更好）。

如果負擔得起，不妨給自己添置高科技工具，如運作快速的電腦、合適的軟件、打印機和複印機、高級相機、多一部

手機等，令工作更有效率，方便達成目標。而且定時清理桌面，帶來煥然一新的感覺。

若然家裏難以工作，可以「出外避離」。拿着手提電腦，獨自去附近的咖啡店，狠狠地做兩三小時。要注意，千萬別整天把自己和孩子囚禁家中！建議每天帶你的小孩離家散心半小時。小孩大多喜歡出門逛街，你帶着他們跑銀行、上超市、去郵局，讓大家都呼吸一下外邊的清新空氣。

擁抱混亂，學習在混亂的環境中專注工作。或許你曾經是個整潔又乾淨的人，甚至有點完美主義或控制癖，喜歡將一切弄得井井有條。可是當了媽後，就必須放下那些習性，接受你的家永遠像個犯罪現場的事實；而你，則要學着在這混亂之中正常運作。

給自己適應期，適當時尋求幫忙

不要羞於尋求別人的協助，如長輩、丈夫、家傭、鄰居和其他家長等，替你暫時照顧或陪伴孩子。忙碌的時候，又可以叫年紀較大的孩子幫忙做一些簡單的家庭雜務，例如入信件、包郵包等。

另外也要給自己當媽媽的適應期，訂定實際的目標。無論你有多能幹，初為人母的頭數年，定必會手忙腳亂、筋疲力竭。在確定你可以再度全力以赴投入工作之前，不要接受或承諾太有挑戰性的項目，否則表現會打折扣。

只要：

你的小孩因為整天有你在家而感到快樂；

你的客戶或老闆對你工作表現感到滿意；

這就是完美的 home working ！

「在家工作媽媽」要同時在家工作和照顧孩子，嘗試與孩子訂立規則，讓他們清楚知道你工作時需要安靜和專注，並將家中打造成舒適的工作環境，就能完美地兼顧 home working、家務和照顧孩子。

03

時間管理策略：
自我

工作媽媽除了「家庭」和「工作」之外，還有「自我」。先安排好自己的作息，工作才有效率；先把自己照顧好，才有能力照顧別人；只有自己快樂，才可為身邊的人帶來快樂。

工作媽媽，除了「家庭」和「工作」之外，還有「自我」。女性具有犧牲的精神，常常會把家庭的幸福、別人的感受放在優先位置，卻忽略了自己。你有否想過：

- ✿ 當你為孩子精心泡製營養食物時，自己是否也吃得一樣健康？
- ✿ 當你為孩子安排打球游泳時，自己是否也有足夠的運動？
- ✿ 當你細心安頓丈夫的衣食住行時，有沒有善待自己的需要？
- ✿ 當你費盡心思粉飾家居時，有否忘記了打扮自己？
- ✿ 當你為公司的前景運籌帷幄時，有沒有同樣規劃自己的人生？

事實上，先安排好自己的作息，工作才有效率；先把自己照顧好，才有能力照顧別人；只有自己快樂，才可為身邊的人帶來快樂。由現在開始，好好管理寶貴的時間，滋養自己身心，計劃精彩的生活！

作為工作媽媽，倘若每天只是埋首於上班和家庭的大小事情中，每分鐘都為了別人而活，很容易會感到迷失。因此，你必須抽出一點完全屬於自己的時間，亦即

「Me Time」，逃離煩囂的生活，尋回自己的存在。

Me Time，是以「自己」為出發點的時光。那並不包括你獨自去逛街時，買回來的卻是孩子老公的東西和家庭用品；也不是跟女性朋友電話聊天，內容全是關於孩子的成長和學業問題；更不是下班後與同行吃飯，目的是為你的事業建立人際網絡，尋找生意或晉升機會。不過有媽媽說，即使好不容易擠出一點點 Me Time，卻不知道可以幹些甚麼；因為，已經習慣了生活被家庭和工作綁架！

如何「正確使用」Me Time，為自己做點事？

看書（不是看育兒書籍）、閱讀小說、看一場電影、跟幾個好姐妹去嚐嚐新開的甜品店、聽場音樂會、聽個講座、做運動、參觀博物館、畫廊、珠寶展、到餐廳慢慢吃頓飯（別人做飯給你吃，而不是你做給別人吃）、上興趣班、在街頭拍一下樹影花影、喝杯咖啡、買串咖喱魚蛋、逛書店、去美容院、美甲店、美髮店、買衣服給自己、上課進修、喝杯酒……這些都是你可以在「個人時間」中做的事情。

或者，甚麼都不做，只是單純地靜下來，一個人發呆、思考、學着和自己相處。你可以練習見縫插針、忙裏偷閒、取捨和平衡，為自己爭取多一點 Me Time，使自己活得像一個人，而非一台機器，更非家庭或公司的附屬品。

你必須嘗試做回「自己」，那個丈夫所愛、與他相識相戀的自己；那個孩子仰望依靠、當作學習榜樣的自己；那個投身社會、充滿理想和鬥志的自己。Me Time 不是自私，它是必須的。它讓你的身心休息和充電，然後呈現更美好的一面給身邊的人。

上篇提及的「個人時間」（Me Time），實在是太寶貴。如果不找點事做，光陰轉瞬即逝，再也找不到蹤跡。所以，利用這個時段來經營自己的興趣，可能比滑手機有建設性得多。

培養自己的興趣

找出自己最擅長的事

一個人可以有許多興趣和嗜好，但當你是個極度忙碌的工作媽媽，就只能專注於其中一兩樣了。例如我其實也很喜歡音樂和跳舞，可是選擇了自己較擅長的寫作，讓寫作填滿所有空檔時間，容易做出成績。專注做自己擅長的事，較快見到效果，令人鼓舞，更能充滿熱情地進一步實現夢想。

盡量做到「一石多鳥」

我愛寫作。起初只是為了記錄自己的想法、行醫見聞和育兒趣事，留待日後回味，後來將文章放到報章專欄，與人分享。及至出書、開創個人網頁、接受訪問、到學校及不同機構演講，令我有許多新體驗，認識不同圈子的人，結交不少好朋友。我的寫作能力，讓我能在孩子的家教會撰寫文章、替女兒的話劇組編劇、在自己專業的各組織內做寫手，也有機會幫助籌辦各類活動，

做司儀、寫講稿、做書記等工作。

當你選定了你的興趣，要找機會在生活上盡情地運用你的天賦，做到一舉數得，將你付出的精力的效果最大化。用有限的時間成就最多的收穫，這就等於節省了時間。

持之以恆

這是最關鍵的因素，也是最難做到的一點。許多人開始時興致勃勃，過了不久就會生出各種藉口：「近日工作很忙，公司有新計劃，我還是暫停練習鋼琴吧！」、「這陣子都有應酬，吃喝至很晚才回家，明天和後天就不要早起跑步了。」、「寶寶開始『恐怖兩歲』，單是忍受他的哭鬧聲已叫我頭昏腦脹，還怎有心情去上插花班啊？」

萬事起頭難。只要挨過了頭三個月，將興趣變成習慣，融入生活，就會容易了，並形成一個正向回饋循環（positive feedback cycle）。

天天做 → 愈做愈多，就會做得愈好 → 有成功感 → 更願意做 → 進步更快 → 養成習慣，每天都要做才舒服。

塑造方便自己的環境

如果你的興趣是寫作，那麼你就必須購置方便寫作的平版電腦（或稿紙／記事簿和筆）；如果你愛烹飪，廚房要擺滿必用器具和材料；如果你打算天天跑步，就需要足夠的運動衣、跑鞋、毛巾、鴨嘴帽、防曬用品。

間中給自己放一天假

你的公司例假，是否全部用來陪伴家人和小孩？看學校表演、帶他們去主題樂園、與家人去旅行、到醫生處做例行檢查⋯⋯ 其實，你也值得擁有自己的假期啊！每兩、三個月，至少半年，花一兩天的假期，給自己盡情地享受嗜好，全日拼命地繪畫、或練習舞蹈、或躲在健身房、或揹着攝影機四處拍照，算是獎勵自己在過去數月的努力不懈。

留下記錄

我發覺不論你享受過多好玩的活動、經歷多麼刺激，但隨着時間的流逝，許多細節都會逐漸變得模糊不清，滿足的感覺會隨時間流逝而消減。所以，你做過甚麼好玩的事，都必須留下一點痕跡；當天昏地暗地工作和照顧小孩時，可以取出來回憶紀念，令精神振奮起來。

寫作就一定有文字可讀；攝影、畫畫等也容易回顧；運動方面，可以用手機軟件記錄跑過幾多公里、做了多少下仰臥起坐；烹飪高手，要讓別人吃掉你的傑作之前，拍照留念，並分享至社交平台，盡量擴大滿足感。

我如何找到寫作的時間

我有個小小的平版電腦，專門用來寫作，功能不多，不過勝在又輕又薄，攜帶方便，無論去哪兒我都必要隨身的。我寫作的時候不定，但逢有空隙時間就會寫。有時只寫一千幾百字，有時只能寫得一段，

甚至半句。可是積少成多，我的兩個專欄、四本拙作，以及二十萬字的網上連載小説，就是這樣逐些寫出來的。以下是我的一些寫作時間表，但絕對不是固定的，會隨着當天的日程，不斷作出調校和改變。

上班日子

為了避開隧道的擠塞交通，我很早便起床出門。過海後，在醫院附近一邊吃早餐一邊寫作，總共花近兩小時。然後上班，一直忙碌至下午 4 時。當我等候秘書打印病理報告時，會寫點東西；扣除了不時處理緊急個案和回覆電話的時間，也有約 1 小時的餘暇寫作。

在駕車時，或搭電梯、行樓梯時的幾分鐘，我的腦袋就會自動構思文章與書本的內容，待有空便立即將要點記錄在平版電腦。

下班後若有應酬，便早點到達場地，趁人齊之前寫一會兒。否則，就回家專心跟孩子玩耍，直至她們睡覺後才繼續寫。

不用上班的平日（weekday）

早上起來，先寫一個小時，然後游泳。去銀行或超市排隊時，斷斷續續地再寫一點。接女兒放學，又要排隊，又寫一段。與孩子吃午飯，逛一會兒街，然後送小女兒回家午睡，並帶大女兒學芭蕾舞，等候她時，在咖啡店內再寫一個小時。倘若晚上當值、要做急凍切片的話，就換件衣服回醫院。在等待外科醫生切除標本時，可能可以寫作 30 分鐘。完成後回家，檢查女兒功課，跟她們説故事。

週日

　　清晨，丈夫帶女兒和家傭去超級市場，我則待在家中享受難得的寧靜，泡杯紅茶，寫兩個小時的文章。

　　丈夫和女兒回來，我放下平版電腦，安排孩子繪畫、看書、做手工、看電視之類的活動，然後在旁邊執拾家居，整理各種文件，檢查孩子的衣物文具有甚麼要添置，然後全家外出吃午飯。

　　下午女兒們回家午睡，我去游泳，游完不先趕着回家，坐下吃個下午茶，又能寫上一個小時。

　　晚上回家煮簡單的晚餐，跟孩子談天説地，考察她們鋼琴的進度，做個科學實驗或焗蛋糕等，溫馨地結束忙碌的一週。

長假期

　　節日假期，通常都是工作媽媽們最忙亂不堪的日子，連喘口氣的時刻都沒有，更別説寫作了。安排節目、粉飾家居、準備衣服、購物饋贈親友、參與官方慶典、監督孩子完成作業、接送她們課外活動。對我來説，比當醫生困難得多。尤其當女兒知道我不需上班時，更加期望我會 24 小時無間陪伴，不允許我安靜半句鐘，享受自己的興趣。

　　倘若出國旅行，別的人還能在飛機、船、或長途車程上做點事，可惜我屬於那種「坐地下鐵亦會暈車浪」的體質，能控制着自己不噁心嘔吐已是很好了，卻斷不能看書寫字。

雖然如此，但是假日和旅行，往往是最多寫作題材湧現的日子。生活方式的改變、嶄新國度的刺激、與孩子的朝夕相處，不斷衝擊着自己的思維，誘發出許多創意和見解。

　　在風塵僕僕的假期中，我惟有盡力抓住寫作靈感，趁着舟車勞動之際閉目思考、反覆倒嚼；待假期結束、生活恢復正常的時候，便可以手不輟筆、一揮而就了！

其他媽媽的興趣

　　我曾問過不同的工作媽媽或全職媽媽，有甚麼興趣嗜好。不少人的回答是：「逛街」、「買東西」、「看電視或上網」。

　　逛街、買東西只能算行為，並不可當作嗜好。看電視和上網，純粹接收別人發出的訊息，嚴格說來也不能算是興趣。所謂「興趣」，是一種高水平的感情狀態，驅使人主動去完成某些事，是推動人類認識新事物、探索真理的重要動機。你會希望培養甚麼興趣呢？以下是一些好例子：

1。閱讀

　　三毛說過：「讀書多了，容顏自然改變，許多時候，自己可能以為許多看過的書籍都成了過眼雲煙，不復記憶，其實他們仍是潛在的。在氣質裏，在談吐上，在胸襟的無涯，當然也可能顯露在生活和文字裏。」

　　自從進入電子世代，閱讀變得相當方便，從手機看電子書，甚至

聆聽發聲書，是隨時隨地都能做到的事。善用零碎時間，即使每次只能讀一小段，也可以增進學問，豐富心靈。如此一點一滴的累積下來，日子久了總能讀到不少書。

嘗試抄下一些金句，或撰寫閱讀報告，記下自己的心得，閒時翻閱，以證實自己有好好生活過。在網上分享心得，尋找知音人，更是其樂無窮。

2。看電影

我看電影前，很喜歡先在網上參考「業餘影評人」的建議，當中有不少是愛欣賞電影的媽媽。

朋友 Winnie 做飲食貿易，卻一向對電影充滿熱忱，當她的女兒到英國讀大學時，她索性提早退休，一同飛往英國，自己報讀了導演課程，與許多來自不同地方的年輕人交流學習，不亦樂乎。

孩子會長大離巢，工作亦不是做一輩子的，然而自己真心有興趣的事，卻會陪伴着你一生一世。

3。學習外語

我聽過不少例子，許多媽媽趁着坐車上班下班、超市或銀行排隊、等候接送孩子、在家中洗碗掃地的時間，戴上耳筒，逐點逐點的聆聽和學習外語，日積月累就學會了。

我的一位朋友學日語，起初只是為了與「哈日族」女兒拉近距離，不知不覺竟然說得比女兒好。後來公司知道她通曉日語，便讓她處理

日本客戶的生意，步步高升之餘，還交了不少日本朋友，更成了女兒的偶像！

4。繪畫

現今，只要手上有平板電腦，已經可以隨時隨地畫畫，發揮藝術天份。

我認識一位醫生，無聊時在手機上把人體器官畫成漫畫，後來製成文具和貼紙，放到網站售賣，很受歡迎。還有位媽媽，將育兒趣事繪成四格漫畫，不定期在自己的社交網站發佈，吸引大批忠實粉絲。

其餘藝術創作，如油畫、掃描、水墨、漫畫，甚至在瓷器上繪畫、或金繼等技術，各有特色，很受女士們歡迎。

5。縫紉刺繡

女人天性喜愛縫紉刺繡等手作，可惜隨着生活節奏加速，加上成衣流行，會親手縫紉的女性比以前少很多。

偶然在巴士、電車上，看到有人從手袋取出針線工具，趁搭車時間做十字繡或織毛衣，我覺得這是非常好的嗜好。親手做的針織不但獨一無二，而且充滿人情味，穿在家人身上固然甜蜜，送給別人也是誠意十足，比外邊買的名牌子更顯彌足珍貴。

我的好友兼同事 CC，是位法醫，每天解剖八至十個遺體，尋找死因。她空閒時的興趣，竟是製作「手袋揹帶」！平日網上售賣，假日擺在市集零售。從花邊蕾絲的少女風、閃石綢緞的貴婦型，以至有貓、

狗、太空或用者姓名的特別訂製款式，應有盡有。我大批買入送給至愛親朋，大家聽說是法醫親手製作，都十分好奇，愛不釋手。

6。時裝打扮

May 是執業律師兼靚媽媽，最愛扮靚襯衫，每次搜羅回家的衣服飾物，都會拍照上載到社交媒體，贏得朋友們讚賞，並不斷追問哪兒可以買到，甚至託她代買。久而久之，她索性成立一間網店，專門替客人搜羅合適衣物，提供配襯建議，將娛樂和工作結合。

7。製作剪貼簿

朋友 Susan 喜歡手工剪貼，將孩子活動照片、與丈夫看戲的票尾、跟友人旅遊的資料儲起來，貼在剪貼簿（scrapbook）上，加上各種裝飾，寫下心情感想，便成為一本本圖文並茂、有紀念價值的日記本子。即使是外人讀起來，也饒有趣味。她索性隨身帶着剪刀、漿糊和彩紙，一有時間就拿出來剪貼，做得又快又美。

8。音樂

每天早上游泳後洗澡，總是聽到 Vivian 嘹亮的歌聲，「啊啊⋯⋯呀呀⋯⋯」響徹會所的更衣室。Vivian 是資深律師，卻對聲樂有說不出的緣份，除了每星期跟老師學唱歌外，還會參與各類表演。她每天清早游泳完後，就趁洗澡時間「開聲」。她說：「多唱歌對肺部有益，增加肺容量，連帶游泳速度也快了！」

9。做網絡紅人

「網紅」是近年來十分流行的身份。很多媽媽將自己育兒的片段剪輯放上網，得到無數點擊和關注，又有廣告商垂青，或受邀出席品牌的宣傳活動，名利雙收。

協助用戶製作影片的程式日新月異，讓人隨時隨地能夠在手機上製作影片，對於喜歡微型剪接和導演的媽媽們，是個發揮天賦的好地方。

10。運動

運動既是娛樂，又可強身健體，是最好不過的興趣。我的朋友Daisy，原本不懂打網球，只是送兒子學網球時，在旁邊看出興緻，跟着自己也認真打起球來。結果，她參加了女子網球隊，年年比賽獲獎，體型也保持得很好，站在大學生兒子的旁邊，簡直就像兩姊弟。

11。攝影

許多媽媽就是因為生了孩子，經常拿起相機拍下他們的一舉一動，才慢慢地愛上攝影的。

有幾位朋友是攝影發燒友，除了開部落格分享自己的作品外，還會充當孩子學校活動的攝影師；例如孩子參與的合唱團表演、足球隊比賽等等，她們都自薦協助拍照，既增加與學校的交流，又可以名正言順地近距離看到孩子的表現，為他們打氣加油，而且自己還十分享受攝影的過程，真的是一舉數得！

12。參加家教會、校友會

參與孩子學校的家教會，可以了解更多關於學校的發展和孩子的生活，又容易認識新朋友，與其他家長交流教育孩子的心得。你對學校了解多了，跟孩子的話題也會增加。

即使你需要上班，未能在辦公時間出席所有活動和會議，也可以利用你的專長出一分力。例如會電腦的家長可協助設計校友會網頁，懂藝術的家長可負責繪製週年晚宴的海報，做會計的家長擔當財政，做投資銀行的家長找人捐款。我也試過在女兒的幼稚園，為家長做醫學演講，在會刊撰寫文章。每位媽媽各有專長，都能作出不同貢獻。

自大學畢業後，我一直有參與小學、中學和大學的校友會活動，對母校的發展了解更多，能認識來自各行各業的校友，也有機會跟年輕的學生交流，自己獲益的比付出的還要多呢！

13。參加慈善組織、婦女會

參與婦女慈善機構，幫助有需要的人，不但心靈滿足，還會以身作則，教導孩子要樂於助人。帶孩子參加義工服務，寓興趣於家庭，更是極有意義的親子活動。

14。讀書進修

一邊上班，一邊照料孩子，一邊讀書，絕對不容易，可是我的朋友 Maria 卻做到了。她自小就熱愛歷史，求學時期卻選修理科，成為工程師。可是她從來未曾放棄過夢想，當了媽媽後，在大學兼讀歷史學

位，還抽空到不同國家考察遺跡，結果以一級榮譽畢業。她的成績，成為一對兒女的最好榜樣，讓他們看到追求知識的快樂，以及付出努力後的成果。

你費盡心力，為子女計劃多姿多采的生活，除讀書學習外，還有數不清的課外活動，既要有趣好玩，又要有教育意義，能增廣見聞，又要顧及心靈發展，還要加入家庭、社交、社會責任等元素……

可是你自己呢？倘若你仍過着千篇一律、沒有質素的沉悶生活，又怎會有説服力？

你必須為自己締造精彩的人生，才會懂得為孩子安排豐富的生活。從今天起，努力經營你的興趣，過着繽紛璀璨的日子！

媽媽既然幾經辛苦找到 Me Time，就別要白白浪費！平日多想想，有甚麼好玩有趣的，然後把握珍貴的 Me Time，努力經營興趣和長處，令自己生活得更滿足快樂。

身體愈健康，愈能抓住每分每秒，把時間盡量利用。成為媽媽，特別是工作媽媽，深切體會到健康的重要性。

你需要更多的體力，陪伴孩子跑跳奔走；你需要保持頭腦靈活，指導他們成長學習；你需要百病不侵，不用告病假，在短時間內完成所有工作；你想要更長的壽命，見證下一代長大成人、畢業工作、結婚生子。

尤其我，作為病理科醫生，每天在顯微鏡下看癌細胞，見得病例愈多，愈叫我引以為鑑，居安思危。患癌病人持續年輕化，當中不少是與我年紀相仿的媽媽，可見健康並非必然，誰知道幾時輪到自己呢？

培養健康的身體，沒有甚麼秘訣，從來都是那幾項：定期接受身體檢查、均衡飲食、運動、休息，以及良好的生活習慣。

女性身體檢查

女性到了一定年紀，應按醫生建議進行定期身體檢查，倘若發現病徵，便能趁早期接受治療。你可以諮詢你的家庭醫生，或參與不同機構所提供的婦女檢查服務，例如衞生署轄下的婦女健康中心、大學醫療中心、慈善機構經營的社區診所、家庭計劃指導會（家計會）等等。

1. 乳房檢查

40 歲開始，要定期進行乳房 X 光或／及乳房超聲波，及早發現癌腫。如果本身患乳癌風險較高，更應該早些接受檢查。乳癌風險因素包括：

- ✿ DNA 中帶有某些基因突變（例如：BRCA1 或 BRCA2）
- ✿ 有家族乳癌或卵巢癌病史
- ✿ 胸部曾接受放射治療
- ✿ 曾患乳癌

2. 子宮頸抹片

女性自有性生活開始，就該每 2-3 年做一次抹片檢查，確保子宮頸細胞沒有癌前病變，並調查有否「人類乳頭瘤病毒」（HPV）感染。

3. HPV 疫苗

接受 HPV 疫苗，能防止多種高風險的「人類乳頭瘤病毒」的感染，減低患上子宮頸癌的機會。即使有些女性已發現受到某一、兩種的 HPV 感染，仍值得接受此疫苗注射，以防止其他類形的 HPV。

4. 骨質密度檢查

40 歲開始，骨質流失變得明顯；更年期時雌激素下降，令流失加劇。骨質疏鬆會引致骨折，可是之前毫無徵兆，因此要及早進行骨質

密度檢查。此外，50 歲以後，大腸檢查、心臟病風險評估、HSV 疫苗（預防俗稱「生蛇」的疱疹病發）等，也將會是保健及檢查的重點。閒時多點留意，並請教前輩們的經驗，為自己的將來作出打算。

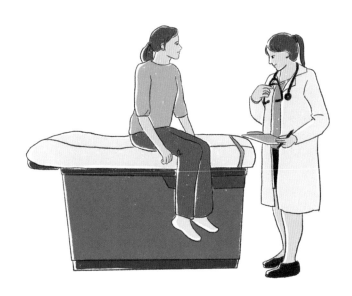

媽媽的均衡飲食

你有沒有發覺，當了媽媽以後，吃得最多的，就是孩子吃剩的食物！可是，很容易不知不覺地吃得太多，對身體有害無益。

你必須小心控制食慾，別養成「把剩菜全部吃下」的壞習慣。建議隨身攜帶可摺疊的矽膠盒子，將吃剩的食物包起，讓孩子和自己下一餐吃。要多注意營養，西醫建議多吃全穀類、豆類和蔬果等高纖維食物，以及少吃紅肉和加工肉食，如香腸、火腿、煙肉和午餐肉等。

另一方面，作為中國人，也該跟隨傳統智慧，多喝滋潤湯水，養生補氣。我見過有些女士，自小以紅棗、黑芝麻、核桃為零食，代替了薯片、糖果和朱古力；又以枸杞子、黑豆泡茶，代替了檸檬茶和汽水。她們的體質和臉色，自然比我好多了。

至於大補之物，像燕窩、花膠、海參、人參、當歸、冬蟲草，使用前應先請教中醫師，看哪樣適合自己的體質需要。

（關於提高工作效率的飲食方法，請見第二章的「聰明飲食，提升效率」。）

抽時間運動

運動的好處是很實際的，除了減肥，還可以增加精力、改善睡眠、令手腳反應靈活、讓腦袋休息、減壓、交朋友、與孩子增進感情等等。國際醫學組織已將「運動」介定為預防癌症的因素之一，並提議將它作為癌症治療的一部分，可見運動是多麼重要。

老實說我不喜歡運動。從小到現在，寧願坐在桌前多看點書、多做些功課、多看幾個病症，也不想挪動一下身軀。然而，我深深知道，運動是最能提升能量的方法，給予我額外的精力去應付「工作媽媽」需要面對的挑戰。我選擇了每天游泳，因為花的時間最少，準備的物品最簡單，而且是單獨運動，不需要約別人一起，隨時可以進行，也適合我這些內向孤僻的人，省去許多交際精力。

你或許會問：「已經不夠時間用，哪還能抽空運動呢？」我明白，

難得有半天空閒，都想陪伴家人、趕工作進度，或做些自己喜愛的嗜好。怎樣說服自己去做運動？

要增加動機，必先製造方便的環境和配套。泳衣、泳帽、潛水眼鏡、一條薄毛巾、拖鞋，放在一個小小的膠袋裏，隨身攜帶，下班時若情況許可，便可以立即游半小時。「反正我每天都要洗澡洗頭，現在只不過是加多了 30 分鐘的運動時間。」抱着這樣的想法，便有走去泳池的動機了。

跑步也是非常方便省時、又效果顯著的活動，要準備的東西較多：汗衫、短褲、襪子、跑鞋、毛巾、帽子，但始終比許多球類簡單。總而言之，選擇至少一項適合自己的運動，持之以恆，鍛煉強健的體魄。即使有些日子，真的抽不出時間運動，也最好趁午膳時間多外出走動、伸展筋骨，別永遠窩在辦公桌後。

另外，跟孩子一起游泳、到公園跑步、練習跳舞、打籃球，既是優質的親子時間，也是鍛煉身體的好機會。如果寶寶年幼，可以捧着他做舉重。網上有健美媽媽示範如何抱着幼嬰做健身操，孩子覺得媽媽正跟自己玩遊戲，非常興奮快樂，兩全其美。

早起：一日之計在於晨

每逢閱讀成功人士的自傳和訪問，很容易留意到他們的一個共通點：早起。隨手拈來的例子：

李嘉誠（香港富商）	☺	6：00 起床，看新聞
喬布斯（蘋果始創人）	☺	4：00 起床
Tim Cook（蘋果行政總裁）	☺	4：00 起床，健身房鍛煉
王健林（中國首富）	☺	6 點前起床
亦舒（著名作家）	☺	每朝 5 時起床，寫 4 小時小說，幾十年如一日，就這樣出版了 300 多本作品
巴菲特（股神）	☺	6：45 起床
比爾・蓋茲（微軟創辦人）	☺	起床後跑步一小時，同時觀看 TTC 教育課程
馬克・佐克柏（臉書始創人）	☺	8 時起床
歐普拉・溫芙蕾（美國電視主持人）	☺	6 點之前就醒來，冥想和吃早餐
伊隆・馬斯克（SpaceX 執行長、Tesla 創辦人）	☺	7 點起床開始工作

　　他們每天起床的時間，由 4 時至 8 時不等，甚少例子是 8 時以後才開始工作的。早起的好處當然多不勝數，包括提高工作效率、學習

事半功倍、早到辦公室會受人尊敬、早睡早起能改善身體健康、可以做自己喜歡的事等等。

其實 6 時起床，很符合人類的「晝夜節律」（circadian rhythm），有益健康。腎上腺素和皮質醇，分泌高峰期在早上 7 時；夜晚的數值僅為早晨的三分之一。剛在去年獲得諾貝爾生理學獎的 3 位科學家，解構人類的「生理時鐘」，發現了 DNA 內的「週期基因」（period gene）；人體一旦違背了細胞的「晝夜節律」，例如熬夜和遲起床，必然會引致各類疾病。

我本是個最討厭起床的人，「鬧鐘重響 20 次」是等閒之事。然而，暑假過後，大女兒升讀對面海的小學，為了避開隧道的擠塞時段，我們必須每天提早離家。所以無論多麼的不願意，都必須下定決心，養成早上 6 時起來的習慣！

過了海，送女兒到學校後，卻仍未到上班時間。於是，我便多出近兩小時，既可以去處理醫生的工作，亦可以寫一、兩段文章，或在手機上整理電郵和文件，或純粹享受一個豐盛的早餐。

我不得不承認，這早上的額外兩小時，真是一天之中最有用的時間，頭腦最靈活，思緒最清晰，無論做甚麼都卓有成效，也能夠計劃好當天的工作分配。最要緊的，這是沒有人騷擾我、完完全全屬於自己的 Me Time（個人時間）！Me Time 的重要性，相信沒有媽媽不理解。

不論前一天多晚才睡覺，也堅持翌日早起，辛苦一、兩星期後，自然會調節自己的上床休息時間，養成早睡早起的好習慣。早起，給

你一個好的開始，令整天心情保持開朗，大家試過以後，就會發覺妙不可言！

管理自己的睡眠

年輕時，連續兩三天徹夜玩樂（或工作），完全不覺有問題。可是到了這個年紀，誰還膽敢通宵不眠？即使之後狂敷 10 次面膜，也抵消不了一夜不睡對皮膚造成的傷害，像黑眼圈、眼袋、黑斑、皺紋、皮膚乾燥、面色泛黃！睡眠不足還有其他害處：影響大腦思維、工作效率下降、心情焦慮憂鬱、免疫力下降、神經衰弱、腸胃不適，還增加患癌症、心臟病、糖尿病和肥胖症的風險。

當孩子還是嬰兒時，你需要半夜餵奶、換尿布、安撫哭鬧，很難有機會一覺睡到天亮，於是日間可以的話，就抓緊時刻短眠一會，養成不好的睡眠習慣。當孩子稍大，能夠睡過夜了，媽媽就會趁夜闌人靜，做家事或自己的事，拖延上床的時間，結果還是睡眠不足。

「作為一個工作媽媽，不夠睡眠是理所當然吧！」

然而，許多時候「欠缺自律」才是問題癥結所在，例如寧願看手機和煲劇而不睡覺、作息不定時、沒有周詳的時間表、把工作推遲至深夜才開始等等。為了寶貴的健康，你必須下定決心，管理好自己的睡眠。

作息規律，避免午睡：培養早睡早起的習慣，即使在週末週日也盡量維持起床時間，不要賴床。偶然午睡，會擾亂生理時鐘，導致晚間難以入睡，翌日又精神不佳。

日間做運動：研究發現，定期進行帶氧運動，能改善失眠。箇中理論，包括運動會減少抑鬱、促進血液循環、避免腦部過度緊張、消耗多餘能量、提高體溫等等。但要注意別在臨睡覺前劇烈運動，否則效果適得其反。

調整睡眠環境和心情：保持臥房陰暗，能促進褪黑激素分泌，幫助入睡。溫度要舒適，環境要寧靜，選擇自己喜歡的枕頭、床墊和床單。睡前要盡量放鬆，例如做伸展運動、冥想、聽音樂等，調節好心情，有助入眠，避免睡前飲含咖啡因或酒精的飲料。

尋求醫生協助：倘若你有長期失眠的問題，試過所有方法都未能解決，就應該尋求醫生意見。如果睡了許多，仍會在日間打瞌睡，又有嚴重鼻鼾聲，便要注意是否患上「睡眠窒息症」，做詳細檢查根治症狀。

戒掉壞習慣

甚麼是壞習慣？

抽煙、喝酒，會令自己衰老得特別快，增加癌症、中風和心臟病的風險，也會給孩子做成壞榜樣。還有晚睡晚起、習慣長期看手機上的無謂資訊、整天在沙發玩電子遊戲、無盡的咖啡因、藥物依賴……它們的壞處，跟抽煙喝酒不遑多讓。

要戒掉這些壞習慣，究竟有多困難？尤其當自己已經被工作和家務壓得喘不過氣，怎樣才能有精力和決心去清除這些問題？

小小契機，助我戒除可樂

認識我的人都知道，我曾經對「無糖可樂」無法自拔。從當實習醫生期間開始，連續 13 年，天天都要喝可樂，起初是一瓶 500 毫升，後來每天一定喝兩瓶（即 1 公升）；遇上需要很多精神的特別日子，如考試、演講、表演、面試，更可以喝 1.5 至 2 公升。

除了懷孕早期勉強停飲了 3 個月外，這 4000 多個日子裏，沒有一天不是泡在可樂裏過的。喝得少了，就像吸毒者未「上電」一樣，頭痛腳軟，沒精打采，根本甚麼都做不成。

雖然無糖可樂沒有卡路里，不會引致肥胖，可是它所含的咖啡因，比普通可樂高兩倍，也遠超過咖啡和茶。我對可樂咖啡因的依賴病入膏肓。醫院的辦公桌子下，擺滿一箱箱汽水。每星期去超市，將櫃子上所有的膠瓶可樂都掃清光，弄得全超級市場的收銀員都認得我了。

我深知箇中壞處，但成癮愈久，就愈覺得沒有可能戒除，尤其當沒有明顯的不良症狀影響生活，更加沒有動機。我以為，要戒掉 13 年的壞習慣，應該需要 1、2 年的計劃和鋪排吧？例如首 3 個月規定只喝 1 瓶，用別的飲品逐漸代替，然後慢慢減至半瓶，除了特別日子以外……餘此類推，需要很多的時間、精力和決心。

我告訴自己，現在孩子還小，需要我的許多照顧，又要準備報考小學；我自己轉了新工作，亦需要一段時間才能習慣；而且希望明年年初出版新書，又開始動手寫長篇小說，實在不得空閒……不如過多幾年，才認真實現「戒除可樂」的計劃吧？

懷着無數的藉口，一拖再拖，但契機來的時候，總是意想不到。有次腸胃炎，吃甚麼都嘔出來，連續兩天，完全顆粒不進、滴水不沾，更別說是喝可樂了。縱使如此，我的床頭依然慣常性放了瓶可樂，準備幾時可以進食，就立刻喝一口。

　　半昏迷了兩天，把以往嚴重不足的睡眠都補充回來。在又累又餓、又清醒又迷糊的狀態下，我隨意想想：「既然連續兩天都沒有喝可樂，不如索性以後都不喝吧！」就這樣，沒有周詳的計劃，沒有轟轟烈烈的決心，沒有學「林則徐銷毀鴉片」般將家中百餘瓶可樂一次過倒掉，我就隨隨便便、莫名其妙地把癮頭戒掉了。喝了 13 年，原來說不喝就真的不再喝，毫無留戀，沒有後遺症。戒除心癮，是如此的簡單直接。

　　這個經驗讓我發覺，只要一個小小的契機（腸胃炎）和「隨意想想」（而不是想得太多、計劃得太周詳），就足夠戒除心癮。只要試過一次，就會徹底地感受到「改變是有可能的」、「夢想可以成真」，以後面對任何困難，都能輕易越過。

　　作為媽媽，自己擁有健康的身體，是給孩子的重要禮物。老來壯健，不需要孩子因自己的疾病而擔心，或加重他們的經濟負擔，是有責任的母親的表現。戒除壞習慣，雖然艱難，可是為了身體健康，能夠陪伴孩子久一點，照顧他們多一點，我們也要盡力一試！

了解你的生理週期

　　由 10 歲至 50 歲，女人需要與「生理週期」相伴 35-40 年之久，每一天的體質和心情，都會隨着它的循環而產生變化。

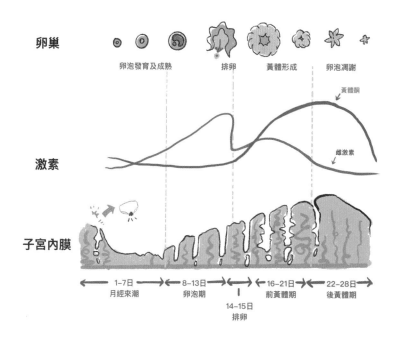

卵巢

卵泡發育及成熟　　排卵　　黃體形成　　卵泡凋謝

黃體酮

激素

雌激素

子宮內膜

| 1–7日 | 8–13日 | | 16–21日 | 22–28日 |
| 月經來潮 | 卵泡期 | | 前黃體期 | 後黃體期 |

14–15日
排卵

　　月經來臨那幾天，一定是氣虛體弱精神不振；接下來的一個多星期狀態最佳，做甚麼都充滿朝氣；排卵期後，身體開始出現水腫，情緒逐漸不穩；到了後期，便是女士們每個月最難過的日子、男士們聞之色變的「經前綜合症」（Premenstrual syndrome）了。

　　倘若你很清楚自己哪一段日子比較精力充沛，哪幾天特別怠倦疲累，或者預計到何時會心平氣和、何時情緒不佳，就可以根據身心狀況，妥善貼切地安排作息時間及日程表。

　　撇開少數患有荷爾蒙失調（先天或後天）的女性，大部分人的生理週期大概是 28 日左右：

女性的生理週期

第 1-7 天：月經來潮

生理狀況：黃體酮 (progesterone) 與雌激素 (estrogen) 分泌減少，子宮內膜剝離，與血液一同排出體外，成為月經。

身體狀況：下腹疼痛、手腳無力、噁心、肚瀉、頭痛、貧血、浮腫、肌膚乾燥。

心情狀況：焦躁、沒精打采，完全不想外出見人。

建議：身體和精神極度需要休息，因此盡量在月經來臨時減少工作量和應酬，安排多些睡眠時間。另外，隨身攜帶止痛藥、月見草油、暖包等能夠舒緩經痛的物品。

第 8-13 天：卵泡期

生理狀況：卵巢內的卵泡逐漸成熟，雌激素上升，子宮內膜也開始增生。

身體狀況：最佳時期，肌膚和頭髮呈現光澤，體態輕盈靈巧，而且容易看到減肥的成效。

心理狀況：心情放鬆，思想正向。腦袋活躍，認知能力和創造力極好。

建議：想減肥的人，一定要把握這段時間節食和運動。趁着良好的精神和心情，挑戰自己，追求夢想，作多方面的新嘗試。由於情緒智商和理性度均處於最佳狀態，因此工作或家事上的重要決定，也適宜在此時進行。

第 14-15 天：排卵

生理狀況：雌激素到達顛峰，並開始分泌黃體酮，卵子從卵泡中排出，進入輸卵管。

身體狀況：當卵子從卵泡跳出時，造成的傷口可能會令有些人感到腰痛。有時候，荷爾蒙的短暫性改變，會引發下體輕微出血。

心理狀況：由於此時是受孕的高峰期，女性會自然而然地散發迷人魅力，感官會特別敏感，很注重別人如何看待自己。

建議：這兩天最適合去交際應酬，面試見工，認識新朋友，建立人脈網絡，充分發揮你的個人魅力。

第 16-21：前黃體期

生理狀況：雌激素逐漸下降，黃體酮分泌穩步上升；卵子進入輸卵管和子宮，子宮內膜變得柔軟。

身體狀況：間中出現水腫，工作繁重時容易怠倦。

心理狀況：這段時期仍然有機會懷孕，因此吸引力未受影響，情緒亦沒有太大波動，但狀態明顯不及排卵之前，容易對新事物怠倦，愈來愈想留在家中。

建議：開始減少外出應酬，努力完成待辦清單上的項目，為下週的「經前症候群」早作準備。避開濃味飲食，減少進食油、鹽、糖，以防水腫。

第 22-28：後黃體期 - 男士們最恐懼的「經前症候群」！

生理狀況：卵子沒有受精，卵泡凋謝，黃體酮水平開始下降。

身體狀況：腹脹、腹痛、乳房脹痛、關節或肌肉僵硬、頭痛、潮熱、疲乏、皮膚粗糙、敏感、長暗瘡。胃口急增，很想吃澱粉質、煎炸油膩食物。

心理狀況：易怒、緊張、煩躁不安、失眠、神經衰弱、脾氣暴躁⋯⋯

建議：寵愛自己！

基本上，在「經前症候群」時期（Premenstrual syndrome，簡稱PMS），做甚麼都不合適。工作時精神不濟，體能上力不從心，連買東西都特別衝動、缺乏深思熟慮，容易買了叫人後悔的東西。繁複瑣碎的家事令你壓力膨脹、心情惡劣，更會動輒向丈夫兒女發脾氣。

這些時候，你必須避免心急作任何重要決定，避免盛怒之下亂説話傷害他人，避免壓力太大而胡亂暴食。最好是專心一意地善待自己，盡量安排多些放空、冥想、休息和娛樂的時間，多吃有營養的新鮮食物，做些運動以減少緊張、釋放令人快樂的「安多酚」，不能熬夜，少喝會導致失眠的咖啡、可樂和茶。

即使遇上不遂心的事情，也不要着急，先冷靜地告訴自己：「其實事情並沒有那麼糟。只不過是我體內的雌二醇、雌激素、黃體化激素和黃體酮，稍微有點上升下跌而已。等過幾天，水平恢復正常，我看待此事的心情和想法，又會截然不同！」

掌握你的週期規律

每個女性的生理週期都不同，時隔有長有短，有準確、有紊亂；而徵狀也因人而異，有的嚴重，有的輕微，還會受外界因素影響（如生病、吃藥、壓力、睡眠等）。你應該盡力了解自己的生理週期。辦法是在月曆記錄每天有否以下徵狀，以及其程度高低：

✿ 經血流量	✿ 長暗瘡
✿ 腹痛	✿ 水腫情況
✿ 腰痛	✿ 睡眠品質
✿ 下體分泌	✿ 胃口大開
✿ 肚瀉	✿ 多愁善感
✿ 頭痛	✿ 緊張
✿ 氣管／皮膚／眼睛敏感	✿ 脾氣暴躁
✿ 精神不濟	✿ 其他身體或心理徵狀

連續記錄數月，持之以恆，你可能就會發現當中的規律，從而預測自己在下個「生理週期」裏，每一個時段（甚至每一日）的狀態。你會驚訝的發現，原來那些丁點兒女性荷爾蒙的轉變，竟然一直主宰着你的喜怒哀樂、情緒起伏，甚至直接影響到你的生活和前途！

如果不想被荷爾蒙控制你的思想和表現，就必須掌握它們的規律，了解自己身體的變化，好好利用每個時段的優勢，達致最高效率。

> 工作媽媽要兼顧的事情太多，分秒必爭，必須要有健康的身體處理工作和照顧家庭。健康最重要的秘訣就是定期接受身體檢查、均衡飲食、運動、休息，以及良好的生活習慣。

不管多忙，也要做個漂亮媽媽

　　前陣子有個電視節目，訪問一位媽媽，她的身材外貌，比生孩子前差了許多，簡直判若兩人。記者問原因，她回答：「我為了可以更常陪伴孩子，所以放棄打扮化妝、運動修身。」說得理直氣壯，正氣凜然。「現在的我，皮膚乾燥，白髮急增，體重超標，肌肉鬆弛，關節疼痛，全都因為是照顧小孩。為了他們犧牲，我覺得是值得的！」

　　我與一眾媽媽好友卻不敢苟同。如果真正愛孩子，更應該好好保養和打扮自己，照顧自身的健康。誠然，當了媽媽以後，身材體態是不可能回復到少女時代了。人到中年，要上班工作、打理家務、照顧孩子、陪孩子做作業、孝敬高堂，從醒來至睡去，沒有一刻停下來，哪還有時間心情打扮呢？

　　偶爾照鏡子：「天啊，我竟然變得這樣邋遢難看！」變胖了穿不下的舊衣服，擱在櫃裏如眼中利刺，長期的壓力就逐漸顯變為怨恨和消極，認為都因為是照顧孩子才帶來的「犧牲」。你想，在如此氣氛下成長的孩子，能培養出正面樂觀的心態嗎？

　　孩子們其實喜歡有個漂亮媽媽，並非為了虛榮炫耀，而是他們透過媽媽的外表去判斷她的心情。打扮得光鮮精緻，這是一種積極向上的精神態度，感覺上特別快樂；孩子希望媽媽經常開心快樂。

事實上，有許多全職媽媽或工作媽媽，將家庭照料得井井有條的同時，也把自己打扮得非常得體；這當然是困難的，需要比「不修邊幅的媽媽們」付出更多的努力。可是就是因為困難，好的媽媽更加要落力嘗試，做一個榜樣給子女：「看，即使生活不容易，我也不會放棄自己的外表，一定努力做好自己。」

　　別將自己的懶惰和消極，歸咎於孩子的出現！從今天起，做個又勤力又漂亮的好媽媽。

快速打扮法

　　我嚴重缺乏打扮的天份和技巧，原是沒有資格講這個題目。幸好認識不少又美麗又能幹的媽媽，向她們請教「極速妝扮」之術，總括如下：

衣服

　　衣櫥裏必備的基本款式：夏天——白色 T 恤、U 領背心、薄針織衫、牛仔褲、及膝半截裙、九分褲、帆布鞋、涼鞋；冬天——格子恤衫、高領上衣、黑裙、乾濕外衣、羽絨外套、圍巾、厚絲襪、長靴。

　　購買不用熨的質料：省略熨衫時間。

　　預先將配件和飾物組合成套：當趕着出門，又想不到穿甚麼時，可以隨意穿上淨色衣褲（如黑衫黑褲），再加上預先配好的飾物就行了。例如：

- ☘ 鮮橙色的圍巾、手袋與高跟鞋
- ☘ 銀色的項鏈、腰帶與手袋
- ☘ 深棕色的茄士咩披肩、皮手袋與長靴
- ☘ 紅寶石耳環、胸針、暗紅色手袋與鞋子
- ☘ 駝色猄皮手袋與包鞋
- ☘ 草編鞋與草藤編織包
- ☘ 深藍色大草帽與藍白色 tote bag（托特包）

鞋子

年輕時愛美，沒有 4 吋高的高跟鞋是不會穿的，即使試過不止一次扭傷腳踝，甚至曾經頭上腳下地從樓梯滾下來，我仍堅持不懈地穿一整天幼跟高鞋，完全是不怕死的「烈女」。

可是自從成為媽媽後，就發現平底鞋的好處：不容易跌倒、走得快、腰背不會累，可以與孩子們跑跑跳跳。而近年尤其流行的 ballerina flats（平底娃娃鞋），不論襯裙子、長褲、短褲都好看，一年四季、上班或假日均適合。

現在，除了家中，我還在車子、醫院辦公室和手袋裏，各備一對摺疊式娃娃鞋，隨時換上，便能上超級市場或接孩子放學了。

化妝

化一個全妝很花時間。倘若沒有時間，或純粹去接孩子放學、沒有心情和動機去化妝，可以考慮只畫眉和塗唇膏。如果可以，加一點粉底、塗些睫毛液就更好；但眉和唇是基本。我的手袋裏長期擺放眉筆和唇膏，方便隨時妝扮。

家裏有兩個小孩，每隔兩分鐘就來騷擾一次，其實很難專心地化妝和吹頭髮。很多時候，我寧願攜帶化妝箱出門，在外邊的更衣室化妝整頭，效率和效果都高許多！

事實上，我在醫院辦公室及車子裏，均放了一套化妝品，還有絲襪、綁頭髮用的橡皮筋、牙刷、牙膏、棉花、護膚霜、衛生棉、指甲

鉗……以備不時之需（簡直是打算四處為家了）。這些化妝品多是用贈品或試用裝，花費無幾，體積細小，用一次即棄。

頭髮

定期染髮：白頭髮的出現年齡，因人而異，但保證人人有份，永不落空。當有天你在鏡前拔白髮，拔了二、三十條還有的，就是要進入「染髮」這人生階段了。

要定期染髮，對我來說，簡直是時間上的超級奢侈；但想起白髮斑駁的蒼老感和缺乏精神，卻又不敢不染。有些人會選擇在家中自己染髮，既省錢，又省去來回髮型屋和等候時間。

我則想想，在髮型屋染髮時，雙手閒着，可以趁機做些甚麼：寫篇文章、看本書、電腦上打幾個電郵，以取代跟髮型師聊天或看八卦雜誌；又或者請人同時間替我修指甲，一箭雙鵰。

頭髮護理：平日洗頭後，可自行在家敷點 hair treatment，戴上浴帽，一邊做家務一邊護理頭髮，還可考慮同時敷上面膜，待會間一併洗掉。到泳池游泳前，記緊先弄濕頭髮，塗上護髮素，再戴上泳帽。這樣便能減低泳池水化學物對頭髮的傷害。

轉換髮型：女性經常轉換髮型，會給人耳目一新的感覺。如果你有一把長頭髮，該學會紮兩、三款不同髮型：馬尾、髮髻、丸子頭，家裏備有電髮夾、髮卷、定髮膠等。網上有許多教人綁頭髮的影片，有空時學曉幾款，勤力練習，不管上班還是上街都能大派用場。

還有一項絕招，是「媽媽必備鴨嘴帽」。當哪天 bad hair day，或者週日被拉下床、與長輩和孩子去飲早茶，將鴨嘴帽往頭上一笠，掛個墨鏡或粗框眼鏡，立刻變身成潮流媽媽。

手部護理

很羨慕指甲經常塗得美麗整齊的女士，有時深紫，有時桃紅，有時金光閃閃。女人是應該塗指甲的，可是塗的時候，雙手甚麼不能碰；塗得不好，要抹掉再塗。然後過不了兩天，不是指甲油脫落，就是指甲增長，要卸去甲油，又重新塗過。整件事情，真是消耗非常多的時間啊！

忙碌如我，行動又特別魯莽心急的，未敢嘗試深綠、彩藍、墨黑等太過明顯的顏色，怕只能維持半日就一塌糊塗。我通常會塗上跟原本指甲一模一樣的淺粉紅色，或索性只塗透明甲油，取它一個晶瑩通透而已。

手背皮膚非常幼嫩，可是隨着年紀增長，乾紋愈來愈明顯，冬天時更容易出現龜裂。不過，工作媽媽的雙手從不休息，哪裏閒得出做手膜、塗手霜呢？除了睡覺，我只想到駕車子時不會用到手背；因此在司機位置旁邊放支手霜，記得的時候就塗塗手背。

防曬

即使沒有時間化妝、紮頭髮、修指甲，也必須做足防曬！太陽的

紫外光不僅會把皮膚曬黑，還會導致皮膚老化、催生皺紋、增加患皮膚癌和白內障的風險。

然而，即使你是個不喜歡曬太陽的人，也不免要陪孩子運動、課外活動、遊覽主題樂園、上山遠足、海灘暢泳等等。因此，防曬霜、帽子、雨傘、防曬袖子和太陽眼鏡，均是不可或缺的東西。

不論是工作媽媽還是全職媽媽，也要好好保養和打扮自己，讓孩子看到快樂自信又神采飛揚的你！

斷捨離，清檢自己人生

「斷捨離」，是日本「家政女皇」山下英子的家居收納理念。她提倡透過收拾家裏的雜物，去反思生命中甚麼最重要，調節心情，釋放壓力，不但環境變得清爽，心情也變得輕鬆愉快。

斷捨離的好處

節省時間和金錢

減少了個人與家居的雜物，整理空間時只需要物歸原位，省時省力，每年的大掃除也會省下不少時間。

除此之外還能省錢。雖說「寸金尺土」，但其實以今時今日的地產，只怕一寸黃金也買不起半呎土地。你在家中省了一平方呎，不就等如省了一萬幾千元嗎？

丟棄雜物，更可以減少浪費和損失。相信許多人也有以下經驗：明明是已經擁有的東西，卻因為家裏太亂找不到，結果買了一模一樣的東西回家！因此，你應要勤於清理冗物，掌握物件的全部數量，才不會再發生買兩件相同衣服、重複購買食材，或是東西放到過期壞掉這種事。

減壓

擁擠的空間，常讓人覺得壓抑，喘不過氣來。許多

時候，我們其實是一時執著，或為了與人比較，才會讓非必要的雜物湧進我們的生活。把它們丟掉，擺脫過多的包袱，生活頓時如釋重負，感覺自由、被解放。

定期清理雜草，花園才可能茂盛。扔掉多餘的東西，才能輕裝上陣，繼續多姿多采的征途。

心靈滿足

透過選擇和保留真正需要的物件，你會愈來愈清楚心裏想要甚麼。「斷捨離」協助你深入了解自己，學習對自己誠實，不再以搜購物質來逃避不安感，也不再以保留舊物去執著過去的回憶。

當你捨棄了可有可無的東西，便能專注在人生重要的事情上，也學會珍惜愛護留下的一切。簡單的生活，讓你容易滿足和快樂。

能力提升

狠心跟多餘物品分手，令你整個人更有行動力，學會了做決定，當機立斷，不會盲目地跟從潮流，人云亦云。整潔的家居，充裕的空間，使你思緒清晰、條理分明、注意力集中，好像原本被淤塞堵住的人生，一下子徹底清除，意識和生活登時順暢地流動起來。

不再囤積

著名填詞人林振強說過：「收拾東西原則，就是兩日之內用不着

的東西，全部丟掉！」聽起來好像有點誇張；可是本着這個心態去抉擇東西的去留，的確立竿見影。你家中，有沒有囤積以下物品？

袋子類、紙箱及包裝盒類

購物時附帶的紙袋、參與活動時贈送的環保袋，一般人會存放在家中，「外出買東西可以用」。久而久之，家裏就不知不覺收藏了幾十個袋子，可是平時會用的，卻總是來來去去那三、四個環保袋。與其擺在那兒不用，倒不如狠狠地丟掉，只留下幾個常用的。

購買手袋和護膚品時的精緻禮盒，或有特別設計的曲奇餅金屬盒，總以為有天可以用來裝存家居小物，然而收藏了幾年，都未能派上用場。還有間中得到送貨用的紙箱，摺疊好放在一角，心想說不定某天會用來裝物。其實這些都不應該佔用家中地方，乾脆理性地捨棄。

膠叉膠匙、杯具

叫外賣，或從餐廳打包食物回家，總會附送幾套膠刀叉，還有小包裝的醬油茄汁芥末。很多人覺得扔掉太不環保便儲下來，然而最後結果卻是家中一堆又一堆沒有動過的即棄食具。

旅行買回來的馬克杯、親友用家庭照片做的馬克杯、超級市場換購的馬克杯、參與孩子活動送的馬克杯、公司製作的聖誕紀念馬克杯……一家四口，用得着幾多隻杯子？每人選出自己最喜歡的兩隻，其餘的就要淘汰。

不再合身的衣物、不再穿的舊衣物

一起接受現實吧。生了孩子以後，許多往日的衣裙都不再穿得下，並非一定因為多了肉，而是關節鬆弛，骨架大了，即使拼命減去皮下脂肪，體型也難以跟少女時代一模一樣！況且人成熟了又當了媽媽，氣質上也未必適合穿上以前的熱褲短裙。先將舊衣服丟掉，待修身成功時，再去買時髦新衣。

孕婦裝只穿過幾個月，還很簇新，趕快送給有需要的朋友；孕婦內衣褲也速速扔掉，除非你打算短時間內再懷孕！

背心穿舊了，用來當睡衣；瑜伽褲還未至於破爛，用來當睡衣；白 Tshirt 染了顏色，用來當睡衣；買了襯衫後後悔，用來當睡衣……如此一來，你可能有一打以上的「睡衣」！別再天真了。給自己買三套舒適的高質素睡衣，跟不再適合的舊衣服說拜拜。

在家裏誰負責丟東西？

當然是你！

若果你問孩子：「這個布袋爛了，丟掉好不好？」或「你很少碰這個洋娃娃，不如送給別人吧？」他們一定斬釘截鐵地回答：「不好！」、「我還想用呢。」、「其實我非常非常喜歡這個玩具，你千萬不要拿走。」孩子們是感性的，甚麼都想留住，即使是一個包裝袋、一個紙盒，倘若你真的去徵詢他們的意見，就別妄想可以清理任何雜物——雖然孩子轉個頭又會忘記了他們拼命挽留的東西。

媽媽最勝任丟雜物的任務

至於丈夫，假若他是個很會收拾屋子、懂得「斷捨離」的人，當然可以成為好幫手。可惜是，更多的男士是囤積雜物的高手，不停為家庭和孩子買回許多重複又重複的物件。那麼，就要靠你的理性去逐件淘汰了（趁他們不在意時悄悄丟掉）。

家裏的老人家，以及家傭，通常不敢亂丟你的東西，而且他們大都有個「節儉」的想法：這些東西還未壞、還可繼續用、還可能將來有天用得着。於是，他們便努力地往抽屜深處或門縫罅隙塞東西，塞得密不透風，覺得這是省錢省時間的行為。所以，只有媽媽才能勝任「丟掉雜物」這個神聖任務。

時常清理雜物

家中雜物一定要經常清理，不要留待一年一次大掃除才動手，因為自己和家人的需要會不斷改變（尤其是成長迅速的兒童），我們應勤於注視檢討。正如「斷捨離」始創人山下英子所說：「斷捨離是清點人生，檢視自己的人生。」

事實上，我在家的時間，好像大部分的時間都在執拾家居！當女兒們做功課、練琴的時候，我在一旁收拾衣櫃內的舊衣服；她們看電視、玩玩具時，我在揀出廚房裏過期的食物、醬油；她們去上學，我就將東西分類運送至回收或棄置的地方。

收拾家居是很辛苦的事。體力勞動還在其次，腦子的不停思考才

最煩人。要考慮哪樣去、哪樣留，需要許多經驗。可是，用心清除了多餘的物資之後，看到整潔寬敞的家居，就自然心境舒暢，有很大的滿足感！

東西捐去哪裏？

很方便，只要上「環保署減廢網站」，便可查知全港各區的回收地點和渠道。從衣物、玩具、文具、書籍，以至電腦和電器，都可以捐贈有需要的人士和機構。

香港減廢網站：

https://www.wastereduction.gov.hk/tc/quickaccess/vicinity.htm?collection_type=outlet&material_type=col_books&district_id=0

現時全港各區約有 200 個「社區舊衣回收箱」，分別由香港地球之友、基督教勵行會、救世軍及長春社管理，整理後運送及捐贈到有需要的國家。放置地點包括社區會堂、公園、體育中心、圖書館、私人屋苑、商場等，可於網上查閱。

如果你抽不出時間把舊衣服拿去回收箱，有些慈善機構會提供「上門回收服務」，你只需要將衣物放進紅白藍膠袋就行了。

有些大型連鎖服裝店，甚至內衣品牌，間中會舉辦回收計劃，專門回收自己品牌的衣服，還可能有購物折扣或現金回贈。好處是公司

了解自己的產品，很容易就做到正確分類（哪些是可以循環再用的，哪些是需要處理的工業用纖維）。壞處是這類活動只是偶爾進行，必須剛剛碰着手頭上有該牌子的舊衣服，否則就沒有意思了。

　　其他新舊雜物，可以送往「救世軍的家品店」、各社區二手店、宗教或慈善機構的賣物會等。如果家中聘有外籍女傭，她們大都很樂意接手舊物，一箱箱的寄回家鄉，給有需要的人使用。總之不至於浪費了物資，動輒送去堆填區，造成環境破壞。

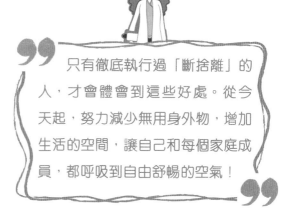

只有徹底執行過「斷捨離」的人，才會體會到這些好處。從今天起，努力減少無用身外物，增加生活的空間，讓自己和每個家庭成員，都呼吸到自由舒暢的空氣！

13個秘訣，每天擠出1小時

「每天的工作和家事，已經把我逼得喘不過氣，哪還能找到甚麼『個人時間』，去發展興趣、照顧身體健康、清檢自己的心靈？」以下是 13 個小建議，希望可以幫助你從日常生活中，擠出一點點額外時間。

13 個擠出時間的建議

善用零碎時間

一天之中，其實有不少零碎時間，它們只得幾分鐘，甚至幾十秒，但若果善加利用，足以完成許多事情，所謂「集腋成裘」。哪些是零碎時間？例如：

排隊等候時間	☺ 上車、上洗手間、買快餐 / 咖啡、商場和超市購物、銀行、郵局、汽車入油。
腦袋放空時間	☺ 搭公車、下車步行上班、乘搭電梯、吃午餐、看電視時賣廣告、駕車時紅燈或塞車、做簡單家務。

零碎時間可以用來做甚麼？

排隊等候時間：我隨身攜帶着輕便的平版電腦，一有機會就取出來寫兩句。這本書好大的一部分，就是如

此寫成的。有時候，我利用這些時間在手機上記帳，或回覆短訊，或看新聞，或讀醫學論文。不需執著一次過完成的小任務，只要有部手機就能輕易辦到。

脳袋放空時間：當雙手不能使用電腦、手機或紙筆，但腦袋和耳朵卻閒着，我會趁機構思小說內容，或在上班前整理思維、計劃工作步驟，或為病理報告擬草稿，或想想今晚跟孩子做甚麼，甚至預先決定明天穿甚麼衣服。

我聽過不少例子，有人利用「腦袋放空時間」，用耳筒聽外語錄音，很快就能掌握一門外語了。也可以考慮聽「發聲書」，比較起收聽收音機上一些無聊的清談節目，有建設性得多。

零碎時間對我來說，其實很好用。因為短促，所以會特別珍惜，讓自己迅速進入專注狀態。能夠在分秒之間做到一點點事，容易有滿足感；一天累積下來這麼多的滿足感，令人感覺幸福。

花錢買時間

「富人是用錢買時間，窮人則是用時間換錢。」這句話許多人都說過了，箇中哲學各自領會。我只順着文字意思，舉個工作媽媽常碰到的例子：僱人做家務。「我的薪水，比外籍家傭／鐘點家傭的高不了多少，與其請個傭人做家務照顧小孩，為甚麼我不辭去工作，自己做家務帶小孩呢？」

在作出決定前，必須先問自己，你的長處和天份在哪一方面？如

果你是家務能手，當然沒有問題；倘若你根本不擅於家事，卻在上班工作的崗位上發揮得好，那就值得花錢請人做家務了。

因為，除了金錢上的考慮，你還要計算個人的成長和發展。把時間花在能夠提升自己的價值、生活品質、能力、經驗、人脈的工作上，才是精明的時間管理技巧。

加費送貨，還是自己取貨？舉另一個例子。某次我到傢具店購買一張椅子，三天後才有貨。若果送貨，要加 100 元，那是椅子五分之一的價錢，看起來好像很不值。可是我計算一下，我自己駕車來取，隧道費要 20 元，停車場泊車要 20 元，還未計算汽油錢；而我自己花的時間成本，無論如何也不止 60 元吧？所以，最後我選擇了加 100 元送貨上門連安裝。我的時間，用來做更有用的事情。

其他管理時間的例子

☺ 有時候搭計程車（而非較便宜的交通工具），可以省下精力和時間，早些回到家裏陪伴孩子。

☺ 買日常用品時，不要花過多時間「貨比三家」；因為即使費盡腳力，結果可能只是省下十幾塊錢。

☺ 花錢使用較好的流動網絡，讓工作順利快速。

☺ 外出用餐時，選擇吃品質高的天然食物。倘若為省錢而吃不健康的快餐，吸收廉價的熱量和脂肪，結果將來要在醫療和減肥鍛煉方面，花費更多金錢和時間，得不償失。

我們用錢買了時間，可以去做更多有意義的事，例如：

- ✿ 享受家庭生活，跟丈夫子女散步閒逛。
- ✿ 運動健身，讓自己保持良好的精神狀態。
- ✿ 學習新知識和技能。
- ✿ 做些工作以外的事情，孵化新的可能性。

網上購物

與其花三個小時逛商場，還不如每週上「網路超市」購物，直接送到家，省時省力。開立一個電郵地址，選一張信用卡專用來網購，方便管理財政支出。倘若必須親自到超級市場或店鋪選購，就在平日（weekday）晚上才去，避開週末週日等繁忙時間，節省排隊付款的時間。

大量入貨

批發入貨。廁紙、尿片、洗潔精、洗髮水都大批買入，甚至絲襪、化妝品、內衣、高跟鞋、兒童衣物貼紙習作，以至郵票信封原子筆，每次都買足幾個月至一年的份量。一次過訂購可以打折，又能要求送貨到家門口，最緊要是節省不少來回購物的時間。

外出吃飯，必須訂位

我家不會在餐廳門前排隊等候位子，通常都是預早打電話訂位。如果要等超過 10 分鐘，就去另一家餐廳。外出之前，還會考慮假日的繁忙時段、地點與交通，若果要花太多時間塞車，或難以尋找泊車位置，便寧願不去。

假若餐廳不接受預先訂位，我們會提早到達。譬如它下午 6 時開始營業，我們就 5 時 50 分在門前等候，做第一批客人。早些吃有很多好處，趁餐廳不太忙的時候光顧，食物和服務都比較好，上菜又快又新鮮。

我不明白為甚麼有這麼多人願意花時間排隊等位，沒有哪間餐廳的食物，值得浪費這些寶貴的時間。每逢一間新餐廳、拉麵店、珍珠奶茶、雪糕涼粉或鹹蛋薯片店新開張，都吸引大批人去排長龍、趕時髦。事實上，當中有不少是暗地裏僱人假扮排隊造勢，弄一個「門庭若市」的假象，吸引好奇心，大家千萬不要被騙倒了！永遠記住：自己的時間才是最珍貴的，萬金不換。

做甚麼都先網上登記

替孩子領護照、身份證、回鄉證、旅行簽證、與外傭續約、買電影戲票、送車子去檢驗、替汽車續牌、領取信用卡贈品、拿電話回原廠修理、去公立醫院門診覆診、買咖啡……這一切都可以先網上預約，只要準時到達，便能省卻等候時間，非常方便。

臨睡前，準備好翌日的東西

這真是需要一點自律。配襯好衣裳、飾物和鞋子，收拾好自己和孩子的袋子，清潔好化妝筆和海綿，然後明日一早起來就可以立刻出門，不用磨蹭一番。

看過一個日本綜藝節目片段。一位媽媽與 6 歲兒子，在攝影棚搭出來的模擬家居情景中，示範如何在起床後的 5 分鐘內（5 分鐘！），完成刷牙、洗臉、換校服、吃早餐、煮午餐便當、收拾書包和運動衣，極速出門上學。影片中，「家裏」一早掛好了衣衫帽子，擺好了餐具書袋，加上兩人流暢的動作，配合得絲絲入扣，簡直是神乎其技，是媽媽「善用分秒藝術」的極致，觀眾看得又笑又拍手叫好。雖然是誇張一點，但維持着這種精神就對了！

減少花在交通上的時間

香港地方小，路程短，可是塞車問題嚴重。如何避開交通擠塞，便成為省時關鍵。如果可以住在公司或學校附近，固然最佳。其次是安排彈性上班時間，避過交通最阻塞的時段。再次之，選擇最快到達的交通工具和路程，如搭地下鐵，或者用另一條隧道過海。

我的上班時間是早上 10 時，可是卻每天在 7 時前出門，為的是趁隧道擠塞之前先過海。過了海，在醫院附近的會所化妝、吃早餐、寫小說，甚至游個早泳，待時間到了才上班去。留意收音機的交通消息，善用「路面實況」的手機程式，可以隨時了解交通的變化，避開擠塞的路線。

另外，倘若翌日需要去陌生的目的地，我一定會預先在地圖上尋找確實地點、來回道路、交通和泊車情況等，以免到時才手忙腳亂地看地圖、走錯路。

簡易營養餐單、善用午餐時間

下班後筋疲力竭，還要去煮飯的話，實在太辛苦了。平時上網搜羅簡易又有營養的食譜，週末假日預購整個星期的餸菜，或午飯時間在網上購買，盡量減少花在買菜煮食的時間。

倘若選擇不跟同事外出午膳，只在辦公室內吃飯盒，可以利用這些時間回覆私人電郵、瀏覽新聞、研究孩子教育資訊等，比在家中幾個孩子的吵鬧笑聲中做，來得更有效率。

添置家居電器

自動式電器：自動吸塵機、洗碗機、洗衣乾衣機、炒菜機、搓麵粉機，甚至「洗化妝掃機」，所有能夠「自動」幫助你完成家務、節省時間的家電，都很值得投資，好讓你將精力專注在更重要的項目：家庭、工作和興趣。

快速型電器：朋友是個急性子，覺得花時間把濕髮吹乾，是苦不堪言的事。每天洗澡之後，左右手各握一個風筒，拼命只想儘快弄乾頭髮。最近，她買了新科技風筒，力度強勁，不用 5 分鐘就把一頭長髮吹好。雖然價格比傳統風筒貴 6 倍，她卻覺得，每天省了 10 分鐘，即是一年節省了 60 小時；一家四口同用風筒，總共是 240 小時！這

真是回報豐厚的投資。

碎紙機：自從有了孩子，就有無數的表格要填：入學、興趣班、暑期活動、醫療記錄、身份證件、學校回條、比賽報名……當中不乏填錯的、過期的、傳真後的副本等，上面寫滿孩子姓名年齡地址電話和許多私隱資料，倘若處理不善，容易被不法之徒利用。索性在家放一部手動碎紙機，將有私隱資料的文件信件都碎掉，保障家人安全。

可以立刻完成的事，不要等明天才做

你剛下班回家，要煮飯，要替孩子洗澡、檢查功課、準備明天的衣服和書包，還要拆閱信件。此時，如果你想：「這一刻我真的沒有心情拆信，待明天才拆吧？」這樣，家裏未拆的信件，很快就會堆積如山，叫你每天看到想到都心情惡劣。其實每天拆信，只需要5分鐘。習慣性的立刻拆閱、分類、收藏妥當或丟棄，是最有效率的做法。

以此為原則，其他事情也是一般處理。（例如清理錢包內的單據、打開超市的送貨盒子、將晾乾的衣服收好、澆花、沖洗用完的水杯、把飾物放回原位、清潔黏在梳子上的頭髮等等。）

工欲善其事，必先利其器

要隨時隨地工作、處理孩子上學文件事宜、搜尋資料，手機與電腦不可或缺。揀選輕巧、功能合適的電子工具，配上覆蓋範圍高的網絡，寧願花多些金錢，也要確保一切事務流暢順利，毫無阻滯。

你可以利用日新月異的手機程式，把家務、工作和個人生活，安排得井井有條。例如日曆、鬧鐘、待辦事項清單（To do list）、購物清單（To buy list）、收支記錄表、生日管家、文件處理器、卡片掃描器等等。

多買幾個手袋的藉口！

1. 大手提袋（tote bag）/ 背囊

年輕時的小巧手袋，即勉強只放得下一個手提電話那種，固然十分可愛，可是成為工作媽媽，就非用大型手袋不可。

除了錢包手機和鑰匙外，還要放工作用的文件、電腦、充電器，以及孩子（或自己）隨時需要的食物飲品、孩子的外套、自己的披肩、可摺疊雨傘（遮雨或太陽用）、風扇和草帽（等候接孩子放學用）、濕紙巾、環保購物袋、書本、玩具、紙筆（給孩子玩）；幼兒更需要尿布、換尿片墊、更換衣物和奶粉等，數十樣東西隨身攜帶。

手袋不宜太過貴重，否則等候放學 / 孩子在公園玩時，不捨得將名牌袋子放在地上，要長時間揹在肩膀，既勞累又不方便。如果情況允許，用背囊更佳，保護脊骨健康之餘，還能騰出雙手拖孩子。

我用「手袋收納分隔袋」（俗稱「手袋內膽」），即擁有許多儲存分格的袋子，來擺放基本而零碎的物品，如錢包、鑰匙、紙巾、唇膏、手霜、防蚊貼、梳子、頭痛藥、USB、原子筆等等。每天更換手袋時，只需將裝得滿滿的分隔袋整個抽起，放進另一個手袋裏，就不用逐樣執拾了，省去許多功夫。

2. 不同情況的外出袋

習慣把不同活動所需用到的東西包成一袋，勤於整理，到外出的時候就不用手忙腳亂了。例如：

嬰兒袋：將初生嬰兒需要的奶瓶、奶粉、熱水、尿片、濕紙巾、替換衣服、被子、奶嘴和包巾，預先塞進一個袋裏，往嬰兒車裏一拋，就能立刻出門。

　　面試袋：女兒幼稚園中、高班那年，不時需要參與小學面試，有些學校的第二、三次面試，沒有預設日子，通常會突然電話通知：「你上星期通過了首輪面試，請家長與學生於兩天後的下午，到學校進行次輪面試⋯⋯」倘若你早已準備好「面試袋」，把相關證件、文件、外套、水壺、小食、書本、雨衣、梳子，甚至小孩的吉祥物等等，收拾成一袋，到時便不會手忙腳亂。鎮定的情緒，萬全的準備，對孩子的表現有直接的幫助。

公園袋：將吹氣泡泡、籃球、跳繩、毽子、竹蜻蜓、飛碟，還有騎單車和滑板車用的頭盔和護膝，以及面紙、防曬油、毛巾、驅蚊貼、鴨嘴帽，放在一個大袋裏，方便隨時拿起就跑去公園「放電」。

游泳袋：泳衣、泳帽、潛水眼鏡、毛巾、水泡圈、滑版、水槍、沙灘玩具、替換衣衫……集合起來就是一個「游泳袋」。餘此類推，也可以在家裏長期預備着各式各樣的「運動袋」，如跑步、乒乓球、跳舞、瑜伽。不單止是孩子，媽媽也需要自己的運動袋！

表演袋：我參與合唱團，每年大大小小有 3 至 5 次表演，除了樂譜外，長裙、團徽、水壺、潤喉糖、化妝品等也是必要的。即使不會長期擺個表演袋，也可以先寫下備忘清單，有需要時按單執拾，勝於臨行前才記得要帶甚麼。（表演袋也適用於孩子們的各種學校或藝術表演。）

> 每人一天只有 24 小時，想要充分運用每分每秒，只要在每件小事中省回一點時間，集合起來就成了珍貴的 Me time、提供力量的泉源！

04

當同一時間
要處理幾十樣事項

孩子快要測驗、公司有新計劃、想參
加馬拉松、籌備舊同學聚會⋯⋯這是
工作媽媽經常遇到的問題。該怎麼
辦？先做哪一樣呢？答案：全部一起
做！

寫這本書，我只花了 3.5 星期

起因是，我讀了一篇文章，講述小說家羅伯特·史蒂文森（Robert Lewis Balfour Stevenson），用 1.5 星期就寫成了半本《金銀島》。而「偵探小說女王」阿嘉莎·姬絲蒂（Agatha Christie）的許多作品，都是在 1 至 3 週內完成的。

於是我想，或許可以試試看，即使很辛苦，也不過是 3 週的時間。堅持這樣短的時期，我想應該還是做得到的。結果我用了 3.5 星期，寫成了《醫生媽媽的時間管理術》。雖然其後花了不少日子做編輯、校對和資料查正，但是底稿的 6 萬字，的確只花了不足 25 天。

在這 3.5 星期裏，我並沒有放棄所有事情去專心寫作。在創作這本書的同時，我跟平常一樣，上班、接送和陪伴孩子、寫報章專欄、到合唱團練歌，並且隔天游泳。另外，我還陪丈夫出席了好幾個公務晚宴、參加了兩個校友會活動、看了一場音樂劇及一場電影、參與了一次醫學演講、跟夫家回鄉一趟出席慶典活動。同一時期，我替女兒們安排好暑期活動，以及買齊了開學需要的校服和文具。

到底寫書的時間從何而來？我很難確確實實的數給你聽。總之有了目標（3 星期寫一本書），立刻付諸實行，自然就會找到時間，自然就會生出方法去完成任務。

例如，我知道暑假過後，就需要很早起床送大女兒回校。於是我想：「不如自己先練習一下，早起多出的時間，可以用來寫書。」結果這 3 週裏，我不但寫成了書，還成功培養了早起床的習慣。

　　由於一心想着要儘快寫好，日間的「空隙時間」突然變得異常明顯。不論是醫院工作不多的日子，還是有意想不到的加班時間，抑或孩子有特別學校假期，或者畢業表演和聚餐，我都能從中發現許多適合用來寫作的時間。

　　平日駕車、吃飯時，腦子不停轉動，草擬書中內容，但凡有一分半秒的時間，就馬上從口袋取出平版電腦，把之前想到的記下來。適才第三章「13 個秘訣，每天擠出 1 小時」內所提及的「零碎時間」，完全為我所用。有時候在街上走着，忽然靈感來了，就站在原地，用手機記錄清楚。

　　有些段落寫好了，發覺並不適用新書，便把它們改寫為短篇文章，剛好應付每星期兩份報章的專欄。

　　當然，如此密集式的運轉，是十分疲勞的事。可是我告訴自己，只維持 3 星期，3 星期後，就好好放鬆一段日子吧。在許多專業作家來說，用 3.5 星期寫成一本書，沒有甚麼大不了。然而，對於我這個正職媽媽、副業醫生、兼寫作門外漢，確是一個很大的突破。

關於時間管理，其中一本影響我最深的書，是吉田穗波女士的《就是因為沒時間，才甚麼都能辦得到》。

我之前曾經在社交網站上介紹過這本書。吉田穗波是日本婦產科醫師，帶着 3 歲、1 歲和剛滿月的孩子，與丈夫到美國波士頓留學，花兩年時間取得哈佛大學學位，同時還懷上了第 4 胎。

回日本以後，吉田擔任國立保健醫療科學院的主任研究官，專注母嬰健康發展，同時寫作。當著作出版時，她已經是 5 個孩子的母親了！

「工作」、「留學」、「兒女成群」，是吉田穗波的三大人生追求（也是我們許多工作媽媽的追求！）但大家都知道，平衡事業和家庭是非常困難的。所以大部分人會選擇留學結束後才生孩子，或者孩子長大了才去留學。

但吉田穗波說：「人生只有一次。一件一件按順序來，不夠實現那麼多理想。」她選擇「全部一起做」。譬如，「準備申請留學」和「生第三胎時間」完全重疊，她沒考慮先做哪樣，而是兩件事一起搞定的。

其實，我身邊也有這樣的朋友！

我們做醫生的，一般在 24 歲大學畢業。倘若決定接受專科訓練的話，需要連續 7 年（或更長時間）一邊在政府醫院工作，一邊自修讀書，期間通過兩至三個艱

難無比的考試，加上做論文、到外國受訓、儲存足夠實習經驗，最早會在 31 歲成為專科醫生。

這 7 年間又工作又讀書考試的日子，是人生一大挑戰，難度不下於生兒育女。因此，我（以及許多女醫生）的選擇，是待正式考取專科資格後，才懷孕生子。然而，我的師妹 Jacqueline 醫生卻不一樣。她決定「讓所有東西同時進行」：在接受 7 年專科訓練期間，她生了兩個兒子。

利用產前假讀書，挺着 39 週的巨肚去考第一部分的專科試，順利通過，考完兩天後就生了長子。懷第二胎期間，她還飛去美國進修 1 個月，38 週時接受第二部分的考試。結果，Jacqueline 準時在 31 歲取得專科醫生的資格，同時又是兩個孩子的媽媽。她的進取和勇氣，不就跟吉田醫師差不多嗎？

我這次用 3.5 星期寫書，驗證了吉田穗波的理論，讓我深刻體會到她説的幾個道理：

1。「把你覺得重要的事情，想做的事情，想辦法放在一起完成，不要總想着等到甚麼時候再做。」

試想想，倘若我沒有寫這本書，那麼之前的 3 星期會否十分空閒？當然不！相信也是會非常忙亂勞碌的渡過，也是會累得只剩半條人命。既然生活忙亂是必然的，不如索性盡量多做幾件事情，將滿足感倍增。

2。「時間愈有限制，愈令人會迅速進入狀態，提升專注力，增加速度。」、「時間愈自由，反而容易一事無成。」

你有沒有發覺，偶然有幾天的自由時間，讓你完成你平日很想做的事，結果效率卻非常低？單是早上磨蹭起床、穿甚麼衣服、吃甚麼早餐、帶甚麼出門，拖拖拉拉，可能已經用去了你許多自由時間。

就是知道時間很少，於是更能立刻專注，拼命地完成工作。相反，當時間充裕，潛意識就自然會放慢，成功率反而降低。

我不是說自由時間不好，然而只有期限（deadline）和緊急狀況，才能讓你盡情發揮潛能，變成神奇女俠般的媽媽，令人驚艷。

3。「定立達成目標的限期。」

就算過程有多辛苦，也可以告訴自己：「只是維持一段有限時間而已。」就會緊咬目標，拼命向前，成功的機會大增。例如：

- ✿ 3 週寫完一本書
- ✿ 2 星期準備孩子考試
- ✿ 3 個月減掉 5 磅
- ✿ 7 天內完成計劃書
- ✿ 3 小時準備好演講簡報
- ✿ 1 週內執拾好廚房

4。「事情分開一段段來做，不要執著一氣呵成。」

　　寫書，不需要規定自己順着次序、一口氣寫 3000 字或一個章節。可以每次只寫一段、甚至一句，也可以揀選容易的先寫。當看到稍有進展，便有動力繼續前進。

　　做其他的事，也是如此，像編寫計劃書、讀學位、學唱歌、繪畫、搞個大型慈善活動、改善孩子讀書成績、填報考小學的表格等等。很多看起來很龐大的計劃，其實拆解下來，都能夠逐步完成的。

5。「整個過程會比較積極開心。因為專心投入『想做的事』，『不得不做的事』帶來的痛苦就會較小。」

　　換句話說，把自己弄得瘋狂忙碌，就沒有時間去為生活上的小問題悲春傷秋了。這個有點阿 Q 精神的做法，其實很適合容易胡思亂想的我，防止將精神和心機花在沒有建設性的無謂事情上。

> 人生只有一次，時光一去不復，要好好把握每天，用有限時間做最多最想做的事情。

既緊張又甜蜜的挑戰

前年，女兒報考小學。這是一件大事，我覺得必須全力專注應付，於是決定將自己的所有計劃押後一年（包括參與病理科的醫學講座、出版新書、接受報章雜誌訪問、減肥、定時運動健身、寫連載小說、將家居重新執拾一遍等），待女兒有小學收錄後，才逐步實行。

可是，一個人愈忙碌，愈是貪心地有更多想做的事。（百無聊賴的人，才會甚麼都不想做吧！）

當我看到鏡子中日漸發胖的自己，不禁想：「怎麼可以這樣肥？真的要等到明年才減肥嗎？」平時盡量不去想我那構思中的小說，可是人物角色情節卻不住地湧入腦海，叫我如何忍得住不寫？

結果，我在與女兒報考小學的這段期間，刊登了20萬字的中國遠古神話歷險小說，養成天天游泳的習慣，減了些磅數，接受了幾個報章和電台訪問，協助籌辦了一次醫生聚會、一次校友音樂活動，戒掉喝了13年的可樂……而女兒，亦成功被最好的小學取錄了。

多頭並進，同時完成幾件不容易的事，這種情況，以前的我會認為絕對不可能的。我原是個謹慎保守的人，一定要想個萬全的計劃才實行，還會細細評估自己的能力限制，計算時間和精力的極限。

可是今天的我，竟超越了自己的能力和性格所限，挑戰不可能的任務——這就是做媽媽的神奇之處！

身為人母，每天都會面對無數挑戰，所有難關都是學習的機會，我們不斷成長和進步，為了孩子去做個更好的人。

而作為「工作媽媽」，會有更多機會發揮得淋漓盡致，讓你每一刻都在戰勝年輕時候的自己。一邊育兒，一邊完成自己未完成的旅程，生活既不枯燥，又圓滿充實，是一場既緊張又甜蜜的人生冒險。

以上，是我從有限經驗中得出的一點愚見，望與天下媽媽共勉之。

後記：
我是 Perfect Mom，也是 Bad Mom

希望讀者看過這本書後，不要感到很「離地」。

「嘩，要爭分奪秒地找時間寫作，豈不是很 chur（趕急）、壓力很大？」

「編寫日程表，真是很艱難；跟着規律生活、沒有變動空間，更是痛苦，我無法長期過着像軍訓般的生活啊！」

「又要早起，又要做運動，又要化妝，又要家居收納，上班之餘又要安排『親子專屬時間』，簡直是 mission impossible！可以貼地一點嗎？」

正所謂「講就天下無敵、做就有心無力」。書上的內容，有些是我的個人經驗，有些是朋友分享，但並不代表我自己全部都能做到！

別人看我，好像把工作和生活應付得游刃有餘，其實當中有一半時候都在手忙腳亂、力不從心，只不過沒有説出來罷了。我不是故意逞強，而是到了這個年紀有苦自知，難道還要像孩子般，有甚麼委屈不快，都趕着數給別人聽嗎？

真正的情況，是有些日子做到如書中所描繪的「高效率的工作媽媽」，而有些日子則是「狀態欠佳、亂七八糟的懶媽媽」。不能兼顧時，就馬馬虎虎算了，不要有愧疚心態。

學會接受生活裏的不完美，擁抱混亂，才能夠享受當下，盡情生活。

Bad Mom vs. Perfect mom

幾年前，看了荷里活電影 *Bad Moms*（港譯：《C 奶同學會》）。女主角 Amy 是名忙碌的工作媽媽，不辭勞苦地為家庭和工作拼命付出。可是丈夫偷腥、子女埋怨、老闆解僱，還被學校的其他家長欺壓，精神瀕臨崩潰。忍無可忍之下，Amy 索性「大解放」，拋下家庭，跟兩個閨蜜家長喝酒放縱，與型男約會，在家裏搞瘋狂煙酒派對，做個所謂的「Bad mom」。

電影叫天下間的媽媽會心微笑。但是，給我最深印象的角色，卻是「反派人物」Gwendolyn。

Gwendolyn 是家教會主席。她是現今社會所謂的「Perfect mom」（我認識許多這樣的女士）：富有、美貌、儀態萬千，永遠打扮得無懈可擊；丈夫能幹又順從，孩子品學兼優十項全能。不論是家族基金、家庭聚會、家教會工作，還是孩子的功課和活動，都打理得井井有條，一絲不苟。

當別的家長筋疲力竭、焦頭爛額時，她則表現從容不迫、揮灑自如，令眾人既羨且妒，感到無比壓力。

Gwendolyn 把家教會的權力緊緊握在手裏，可謂要風得風、要雨

得雨。她看不起 Amy 那種忙亂的工作媽媽，看不起豪放的單身媽媽，也看不起蓬頭垢面地照顧孩子的全職媽媽，認為她們都是「失敗者」、「壞媽媽」。

可是，結局出乎意料。失去主席位置的 Gwendolyn，向 Amy 坦承自己雖然表面令人艷羨，人生卻是一團糟：丈夫被控虧空慈善基金，弟弟加入了恐怖組織，自己則患有夜驚症，並對止痛藥嚴重上癮，就連家中的錄影機也無緣無故壞掉⋯⋯而經營家教會，是唯一令 Gwendolyn 稍有成就感和安全感的事情！

風光的面具撕破，Amy（與電影觀眾們）鬆一口氣：原來即使是「完美家長」，也是跟其他媽媽一樣，都面對着現實中各種大大小小的困難，有失敗和落泊的時候，有說不出的苦處！最後，Gwendolyn 與主角們成為了好朋友，間中會拋下做媽媽的沉重工作，一起坐私人飛機出外旅遊。

我相信，那些外表看來完美無瑕的女性朋友，也一定有她們的難處，並非永遠如表面般得心應手。因此，千萬不要因為別人外表的光彩，讓自己感到自卑和壓力。

作為女人，作為媽媽，當你知道全世界的媽媽都跟你一樣，會有困境、迷茫、失敗的時候，就更會懂得互相體諒、關心和幫助！

嗚謝各位媽媽

　　我剛懷孕時，當經濟分析師的師姐，將一份「懷孕購物表」交給我。清單上有超過 100 項物品，分門別類為：懷孕期服裝及用品、產後康復用品、嬰兒床上用品、換尿布及衛生設備、餵哺母乳工具、沖奶粉工具、製作固體食物工具、嬰兒衣服及洗滌用品、洗澡設備、幼兒玩具、外出用品、嬰兒生病時所需物件等等。

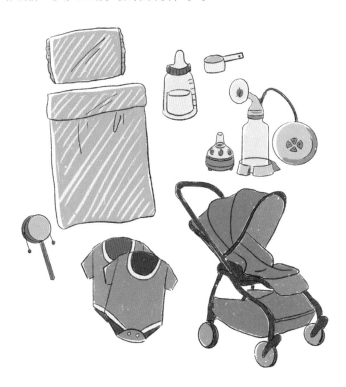

「購物表」鉅細無遺，大至嬰兒床、高椅及食物攪拌器；小至奶嘴、內衣、清潔耳鼻的棉花棒，每項都列出了用途、使用方法和所需數量。後頭的欄目，還比較了各種牌子的品質與價格，更有師姐自己的「心水牌子」，有條不紊、清晰易明。新手媽媽只要跟隨着清單購物，就定必萬無一失。

我的身邊，充滿了像師姐般熱心腸的朋友。

我從至少三位朋友手中，收到「產婦入院用品清單」。從身份證、襪子、腰封、化妝品，以至紙尿片、育嬰筆記和私家車安全座位，都無一遺漏。

一位當中醫的媽媽，送給我「坐月子摘要」，詳細列出產後飲食原則，包括針對脫髮、水腫、便秘、氣虛、血虛、產後抑鬱各情況的食療，協助收縮子宮、產後塑身、補血、通乳、回乳的藥材等等。還有產後食譜建議，一日三餐連湯水、小吃、甜品、蔬菜水果，甚至酒類，一應俱全，簡直是我的「坐月聖經」！

　　又有做會計的朋友，有個女兒剛滿 3 歲。聽到我也是生女兒，馬上翻箱倒篋，將家裏孩子的舊衣服、玩具、生活用品，揀新淨合用的，分門別類地收拾得井井有條，逐批送往我的府上。

　　初生嬰兒的喝奶與排洩時間，難以捉摸。有位朋友將自己設計的表格電郵給我，以記錄幼兒喝奶、吐奶、大小便的時間和份量，還有洗澡時間和體溫量度表。當帶孩子去診所做身體檢查和打防疫針時，便可讓兒科醫生一目了然。

另外有幾位媽媽，送給我幼兒教育影碟：有教小朋友做人道理的、有教英語拼音的、有教普通話唐詩的、有教數學概念的、有教兒歌唱遊的，全部都經由她們優秀的孩子證實了效用。

　　此外，該去哪間外籍家傭中介公司，怎樣替外傭辦理簽證，與陪月的相處方法，全部都由「身經百戰」的媽媽們傳授訣竅。

　　報名遊戲班、幼兒園、幼稚園、小學、興趣班，早有家長做好了各間學校的資料搜集、優劣比較、報考策略，甚至熱心而理性地替我分析，根據我家住址、照顧者的能力、上班下班時間、我和丈夫的期望等，揀選最合適的組合。

　　女兒快上小學，立刻有媽媽們分享「小一入學購物清單」，詳述要準備的文具和日用品，甚至要買幾多枝鉛筆也仔細說明。本地小學習字 app、舊試卷、舊課本、溫習與活動時間表範例、水樽桌墊食物盒的牌子，每項均由好友提議和指教。

　　當然少不了傳授照顧和教養幼嬰秘訣，怎樣戒夜奶、如廁訓練、外出準備、社交技巧等等。隨着孩子成長，更要向經驗豐富的媽媽們學習，如何引領和指導子女，了解他們的脾氣和需要，做到和諧的親子溝通。

這些美麗細心、精明能幹、樂於助人的媽媽，都是我的榜樣楷模。

一直以來，多得她們無私的分享，讓我平安順利渡過了女兒的幼兒時期，並為她們的小學生活做了充足的準備。

為此，我要感謝以下的人（排名不分先後）：

Susan	Rossana	Joanna
Denise Y	Crisenda	Sandy C
Denise W	Sarah	Sandy T
Jennifer	Pearl	Edna
Louisa	Kiddy	Bernie
Yvonne	Alvina	Wayney
Jacqueline	Lisa	Shirley C
Carrie	Caroline	Shirley P
Blanche	Winnie	Kat
Jenny C	Annie	Clary
Jenny W	Vivian	Ming
Ami	Margaret	Prudence
Wandy	Heidi	Joyce
Wendy	Linda	Josephine
Joanne	Samantha	Rebecca

醫生媽媽的時間管理術

編著
許嫣

編輯
周宛媚

美術設計
YU Cheung

出版者
萬里機構出版有限公司
香港鰂魚涌英皇道1065號東達中心1305室
電話：2564 7511
傳真：2565 5539
電郵：info@wanlibk.com
網址：http://www.wanlibk.com
　　　http://www.facebook.com/wanlibk

發行者
香港聯合書刊物流有限公司
香港新界大埔汀麗路36號
中華商務印刷大廈3字樓
電話：2150 2100
傳真：2407 3062
電郵：info@suplogistics.com.hk

承印者
中華商務彩色印刷有限公司

出版日期
二零一九年六月第一次印刷